Manual de Cura Pela Cor

Pauline Wills

Manual de Cura pela Cor

Um Programa Completo de Cromoterapia

Tradução
CARLOS AUGUSTO LEUBA SALUM
ANA LUCIA FRANCO

Editora
Pensamento
SÃO PAULO

Título original: Colour Healing Manual – The Complete Colour Therapy Programme.

Copyright © 2000 Pauline Wills.

Publicado originalmente em 2000 por Judy Piatkus (Publishers) Ltd.

Copyright da edição brasileira © 2002 Editora Pensamento-Cultrix Ltda.

1ª edição 2002.

11ª reimpressão 2023.

Ilustrações de Rodney Paull.

Crédito das fotos – Ilustração 1: cortesia de Alfred Pasieka/Science Photo Library; Ilustrações 2-4 Rodney Paull.

Todos os direitos reservados. Nenhuma parte deste livro pode ser reproduzida ou usada de qualquer forma ou por qualquer meio, eletrônico ou mecânico, inclusive fotocópias, gravações ou sistema de armazenamento em banco de dados, sem permissão por escrito, exceto nos casos de trechos curtos citados em resenhas críticas ou artigos de revistas.

A Editora Pensamento não se responsabiliza por eventuais mudanças ocorridas nos endereços convencionais ou eletrônicos citados neste livro.

Direitos de tradução para o Brasil adquiridos com exclusividade pela
EDITORA PENSAMENTO-CULTRIX LTDA., que se reserva a
propriedade literária desta tradução.
Rua Dr. Mário Vicente, 368 – 04270-000 – São Paulo, SP
Fone: (11) 2066-9000
http://www.editorapensamento.com.br
Email: atendimento@editorapensamento.com.br
Foi feito o depósito legal.

Impresso por : Graphium gráfica e editora

Para Lily Cornford

Sumário

Introdução 9
1. A Natureza da Luz 16
2. A História da Cromoterapia 29
3. A Cor 46
4. A Aura 59
5. O Uso da Cor na Terapia 81
6. O Mapa da Coluna 90
7. A Doença e sua Causa Metafísica 111
8. Proteção e Limpeza 131
9. Cura por Contato com a Energia Prânica 143
10. Cromoterapia por Contato: Um Tratamento Passo a Passo . 151
11. Maneiras de Trabalhar com a Cor 181
12. Cura à Distância 189
13. Diante da Morte 200

Posfácio 211
Apêndice: Treinamento e Tratamento Profissional 213
Leituras Recomendadas 216

Introdução

A cor é um fenômeno que nos acompanha a cada segundo da vida. Durante o dia, a natureza nos envolve na vasta gama de cores que exibe nas flores, nas árvores, nas pedras, nos minerais, na variada plumagem dos pássaros e nos desenhos multicoloridos do mundo dos répteis. Imitamos essas cores nas roupas que usamos e nos tapetes, cortinas e móveis da nossa casa. À noite, quando dormimos, a cor aparece nos sonhos. Durante as 24 horas do dia, nosso campo eletromagnético, a aura, nos envolve numa ostentação de cores em constante mutação que alimenta com energia prânica os sistemas do corpo físico.

Gosto de comparar a cor a uma grande árvore. A escuridão da terra sobe pelas raízes da árvore para encontrar a luz do dia. Escuridão e luz interagem, produzindo as cores do espectro no tronco da árvore. Cada uma dessas cores se divide, então, em suas muitas tonalidades para formar os galhos. As tonalidades do vermelho, encontradas no extremo mais quente do espectro visível, formam os galhos mais baixos, e as do violeta, os mais altos. As cores que ficam entre esses dois extremos formam os galhos intermediários. Essa árvore pode ser metaforicamente comparada a um ser humano ou aos diferentes caminhos associados à cor e à luz.

Os galhos da árvore se assemelham também aos níveis de consciência que as pessoas têm hoje em relação à cor. Como já percebemos a existência de outros níveis e aspectos, somos motivados a investigar no sentido de expandir nossa consciência e aumentar nossa sensibilidade. Dito isso, é importante esclarecer que cada um trabalha com o nível e o aspecto da cor que lhe é mais adequado no momento.

Nesse sentido, os galhos mais baixos da nossa árvore representam aqueles que compreendem a cor, ou trabalham com ela, no nível físico. São os cientistas, cujo objetivo é compreender a física da luz e da cor e seu efeito na estrutura atômica do reino humano, animal e vegetal. São também aqueles que usam a cor com criatividade para realçar a casa e o jardim ou para tornar as pessoas mais bonitas, por meio da moda e da maquiagem.

Nos galhos da camada que vem logo acima, estão as pessoas que intensificaram sua sensibilidade às cores, percebendo como cada uma delas as afeta física, mental e emocionalmente. Essas pessoas têm consciência das cores que favorecem sua saúde e seu equilíbrio. Elas as utilizam por meio da visualização, da meditação e da respiração, além de usá-las nas roupas. Nesse nível de compreensão, as cores das roupas assumem um significado completamente diferente. Elas não são usadas para realçar o tom da pele ou do cabelo, mas como um filtro, para que os poros da pele absorvam a cor necessária. Na verdade, nem sempre essas pessoas gostam da cor da roupa que estão usando — uma cor que no entanto é necessária para o seu bem-estar.

No topo da árvore estão as pessoas que compreendem os aspectos espirituais da cor. Elas sabem que são seres de luz e que por isso precisam da luz para seu bem-estar. Em geral, são capazes de ver a interação das cores áuricas em torno dos outros seres humanos, dos animais e das plantas, um dom que lhes permite determinar as cores que faltam às pessoas — as cores de que elas mais precisam. Muitas vezes, os alunos me perguntam se é preciso conseguir ver a aura antes de começar um curso de cromoterapia. A resposta é não. Parte do curso tem o objetivo de ajudar os alunos a aumentar sua sensibilidade à cor e a compreendê-la em todos os seus níveis. Os que começam prematuramente um curso de cromoterapia em geral não conseguem ir até o fim, o que é até melhor. É possível que continuem o curso em outra fase da vida, ou que escolham um caminho que tenha relação com o conhecimento e a compreensão que adquiriram na parte do treinamento que fizeram.

Uma de minhas alunas se inscreveu no curso porque queria saber mais sobre a cor e sobre suas propriedades terapêuticas. Era uma mulher muito inteligente, que trabalhava na área da ciência. Cética quanto ao poder de cura da cor, ela disse no começo do curso que não tinha a intenção de ser cromoterapeuta: queria apenas aprender mais sobre o assunto. Durante o curso, ela foi tratada com as cores e tratou outros alunos. Já estava na metade do segundo ano quando abandonou as aulas: tinha descoberto uma forma de usar a cor que combinava mais com ela. Escreveu para nos agradecer, dizendo que, graças ao conhecimento e à experiência adquiridos no curso, ela tinha compreendido o poder e o potencial da cor — e descoberto o caminho que agora sabia que era o seu.

Fazendo uma comparação entre nós e a árvore, as densas cores que formam o tronco são as cores que penetram nosso denso corpo físico, preso a este planeta pelas próprias raízes. Os galhos mais baixos, em tons pálidos de vermelho, representam o revestimento etérico, a cópia do corpo físico. Os que ficam logo acima, matizados com os tons mais pálidos do laranja, retratam os sentimentos que inundam o corpo emocional. Em seguida, os que vibram nos tons sutis de amarelo e verde representam o fluxo constante de pensamentos que constitui o corpo mental. No topo da árvore, os galhos finos que exibem os tons etéreos do índigo e do violeta formam nosso aspecto espiritual. A árvore é saudável e forte quando suas cores são claras e luminosas, graças ao alimento que recebem da terra e à energia do sol. O mesmo se aplica a nós, só que precisamos integrar a energia da terra à energia do sol espiritual para criar uma sensação maior de totalidade.

Comparando os galhos da árvore às muitas facetas da cor e essas facetas aos vários caminhos da cor, começamos a compreender que cada caminho não passa de uma pequena parte do todo, uma parte que deve ser respeitada pelo papel que desempenha. Cada caminho tem a própria maneira de trabalhar com a cor e de ensiná-la, atraindo os que estão prontos para ouvir o que ele tem a dizer. À medida que se desenvolvem, as pessoas vão passando para caminhos com ensinamentos mais profundos ou que exploram outras facetas: a cor no *design*, na arte, no som, na heráldica, nos minerais ou na moda, para citar apenas alguns exemplos. Investigar outros aspectos da cor não é apenas para quem pretende trabalhar exclusivamente com eles, mas para quem quer aprofundar o que já sabe.

Ocasionalmente, alguns galhos de uma árvore secam e morrem, invadidos por insetos ou servindo de hospedeiros a uma planta parasita. No mundo da cor, isso ocorre quando o poder da cor é usado para manipular as pessoas, fazendo-as comprar só para aumentar a produtividade.

Nos anúncios e embalagens, a cor é usada para atrair a atenção e causar um impacto na mente. O vermelho, por exemplo, é muito usado em embalagens de cigarro, dando aos fumantes a sensação de que o cigarro aumenta sua energia, deixando-os mais ativos e despertos. Quase todas as instituições financeiras usam o azul-escuro em seus anúncios, uma cor que fala à necessidade de segurança, passando ao cliente a idéia de probidade. O preto e o dourado são muito usados em propaganda: o preto representa o máximo em sofisticação, e o dourado é considerado a mais ilustre das cores. Max Luscher, professor de psicologia na Universidade de Basle, vê o preto como a cor da entrega e da renúncia.

Na indústria dos alimentos, o gosto é muito vinculado à cor, transformando-a num importante fator mercadológico. A cor da casca do limão e da laranja é avivada para torná-los mais apetitosos. A cor das ervilhas enlatadas é verde-acinzentado, mas um corante verde lhes dá uma aparência mais nutritiva e saborosa. Como o vermelho é associado a sabor, em alguns países, os tomates e outros vegetais vermelhos são cultivados de maneira a ter sua cor acentuada, um processo que prejudica o gosto, mas aumenta a procura. O azul-claro e o branco são usados nas embalagens de laticínios, pois sugerem frescor e higiene. Só que o tom errado de azul ou verde pode sugerir apodrecimento ou bolor, transformando o produto num fracasso de vendas.

As cores que exercem um efeito mensurável sobre o sistema nervoso autônomo, estimulando o apetite, são o vermelho, o laranja, o amarelo e o marrom. Por isso, essas cores são as preferidas quando se trata de vender alimentos. Como o marrom-dourado também é considerado uma cor apetitosa, pães, castanhas e cereais são assados de maneira que o produto acabado não fique nem claro, nem escuro demais. Se o fabricante quer vender a idéia de que seu cereal aquece o corpo nos dias frios, ele deve usar laranja e vermelho na embalagem. Mas, no caso de um cereal energizante, solar, o amarelo é mais indicado.

Sabendo que a indústria e a propaganda usam a cor para nos manipular, deveríamos considerar melhor o valor nutritivo dos alimentos que compramos: será que os escolhemos pelo valor nutritivo, ou por sua aparência apetitosa? A procura cada vez maior por alimentos orgânicos sugere que a população está despertando para o fato de que é induzida a comprar alimentos desvitalizados, produzidos e coloridos quimicamente, o que faz a fortuna da indústria da alimentação.

Fui introduzida ao mundo da cor pela yoga. Foi por desespero que recorri à yoga: doente havia algum tempo, eu estava cansada de tomar remédios da medicina tradicional sem obter resultados. Nessa época, a yoga não era tão popular quanto hoje, mas tive a sorte de encontrar um professor indiano que tinha passado a vida estudando e praticando os muitos aspectos do assunto. Praticando regularmente as posturas e as técnicas respiratórias associadas a elas, e trabalhando os chakras pelas cores que eles irradiam, eu aos poucos me recuperei. Estudando yoga, eu compreendi que as *asanas* — as posturas da hatha yoga — purificam e abrem os chakras, ou centros de energia, enquanto fortalecem o corpo físico para o fluxo maior de energia que é gerado. Fascinada pelos resultados, quis compreender melhor as energias vibracionais da cor e aprender a usá-las para ajudar ainda mais a mim mesma e aos outros.

Por acaso, se é que alguma coisa é por acaso, uma amiga me falou de um curso sobre cores perto da minha casa. Telefonei para pedir informações e descobri que o curso era na Maitreya School of Colour Healing, dirigida por Lily Cornford e Ronald Leech, conhecido por todos como Joseph. Eu me inscrevi e, nesse curso, aprendi muito com Lily, uma mulher perspicaz e talentosa. As aulas logo se transformaram nos pontos luminosos da semana. Depois de tirar o certificado de cromoterapeuta, eu e outros alunos recém-formados trabalhamos durante um ano na Maitreya School, ao lado de Lily. Sou muito grata a ela por essa experiência enriquecedora. Durante esse ano, pessoas de todas as idades procuraram tratamento para os mais variados males, o que muito contribuiu para minha experiência e conhecimento. Lily tem um senso de humor maravilhoso, mas, em meio às pérolas de sabedoria que ela distribuía entre nós e os pacientes, havia algumas reprimendas. Ela chamava a atenção dos praticantes novatos em caso de erros estúpidos. Por sua vez, os pacientes eram repreendidos quando não conseguiam ajudar a si mesmos com uma atitude mais positiva.

Pouco tempo depois, peguei herpes-zoster, o que me deu outra oportunidade de sentir o poder da cor. Embora tenha consultado o médico, decidi me tratar sem tomar os remédios receitados. Trabalhei com algumas cores para tratar a erupção da pele e com outras para tratar o corpo inteiro. Em pouco tempo a erupção desapareceu, sem deixar seqüelas neurológicas.

Depois de trabalhar um ano com Lily, eu agreguei a cromoterapia à minha prática de reflexologia, tratando cada paciente com a terapia que me parecesse mais adequada. Depois de alguns anos, comecei a integrar a cor à reflexologia e descobri que a combinação dessas duas terapias é extremamente poderosa, obtendo resultados que a reflexologia sozinha não conseguia atingir. Isso me fez acreditar que a cor, combinada a outras terapias complementares, pode ser uma ferramenta poderosa.

Nesses anos, fui estudando as outras facetas da cor. A informação e a experiência que obtive foram incorporadas aos ensinamentos da Oracle School of Colour, que fundei há dois anos. Acredito que essa escola é um dos galhos da árvore da escola da cor e, como todas as outras, detém uma parte da verdade total. Ensinando, descobri que os alunos também são meus professores. Suas perguntas me levam a fazer novas pesquisas, e trabalhamos em grupo as novas idéias que eles trazem. Por tudo isso, sou muito grata a eles.

O propósito deste livro é compartilhar o que aprendi, ao longo dos anos, com outros cromoterapeutas, com estudiosos do assunto e com pessoas que só querem saber um pouco mais. Para quem está estudando cromoterapia, principalmente para meus alunos, este livro serve como um manual. Se este é o seu primeiro contato com o assunto, sugiro que leia antes o meu livro *A Piatkus Guide to Colour Healing* (Piatkus, 1999), que vai lhe dar um conhecimento básico sobre a cor e ensiná-lo a usar seu poder para ajudar a si mesmo. O tratamento passo a passo e algumas técnicas de proteção apresentados neste livro são inspirados no trabalho de Lily, que ela sempre gostou de compartilhar com os outros. Alguns dos tópicos tratados, como a aura e a causa metafísica de certas doenças, podem ser úteis para praticantes de outras disciplinas.

Se, ao ler este livro, você sentir que gostaria de trabalhar com cromoterapia, é essencial que se inscreva numa escola para tirar um diploma. Não é admissível usar a informação dada neste livro para fazer tratamentos com a cor. Como a cor pode ter efeitos adversos, você precisa saber o que está fazendo. O apêndice traz informações sobre o treinamento necessário para praticar a cromoterapia.

Finalmente, quero agradecer a Lily Cornford, a quem este livro é dedicado, por me ensinar e por cuidar de mim durante meu treinamento e nos meus primeiros passos como cromoterapeuta. Lily vive agora numa casa de repouso, e tenho a felicidade de ainda estar em contato com ela.

Pauline Wills

CAPÍTULO 1

A Natureza da Luz

Desde os tempos mais remotos, o homem é fascinado pela natureza da luz e da cor. Durante séculos, o aparecimento do arco-íris no céu foi motivo de espanto. Muitos refletiram sobre o fato de as cores aparecerem sempre na mesma ordem. Depois de Aristóteles, os filósofos fizeram várias tentativas de explicar esse fenômeno a partir das diferentes misturas de luz e sombra. Acreditavam que, misturada à sombra, a luz branca produzia o vermelho, uma conclusão inspirada no brilho vermelho do pôr e do nascer do sol, que aparece entre a luz do dia e a escuridão da noite. Uma quantidade maior de sombra misturada à luz, acreditavam, produzia o verde, e uma quantidade ainda maior, o azul. Mas essas teorias não levaram a uma compreensão melhor do espectro da cor.

AS DESCOBERTAS DE NEWTON

Foi só em 1666, um ano depois da grande peste londrina, que o estudante Isaac Newton começou a estudar a natureza da luz. Newton, então com 23 anos, estava intrigado com o relato do cientista francês René Descartes sobre experiências com a luz, publicado em 1637. Observando que um prisma dispersa a luz branca num espectro de cores, Descartes concluiu que era a variação de grossura do prisma que produzia as diferentes cores.

Newton decidiu testar a teoria de Descartes fazendo uma experiência simples. Escureceu um dos quartos onde morava, deixando entrar apenas um raio de luz por um buraco na janela. Na bancada de trabalho, ajeitou um prisma triangular e um quadro onde projetar a luz. Ao atravessar o prisma, o raio de luz branca projetou o espectro vermelho, laranja, amarelo, verde, índigo e violeta no quadro, havendo também uma mudança no ângulo da luz. Newton fez então um orifício no quadro, alinhado com o raio vermelho, e pôs um segundo prisma atrás do quadro. Ao atravessar esse segundo prisma, o raio de luz vermelha mudou de ângulo, mas não produziu outro espectro. Com isso, Newton concluiu que a luz branca é composta de cores diferentes, cores que o prisma não produz, mas revela. Para testar essa teoria, Newton fez com que todos os raios coloridos que apareceram a partir do primeiro prisma passassem por uma lente convexa, direcionando-os de maneira a atravessar o segundo prisma. Descobriu que os raios são refratados na direção oposta e se transformam num raio de luz branca que, quando passa por um terceiro prisma, se dispersa outra vez no espectro de cores (ver abaixo).

Essa mudança de ângulo nos raios de luz, observada por Newton, ficou conhecida como "refração". Isso ocorre porque o prisma altera a velocidade da luz, como qualquer substância que a luz penetre. Para observar a refração, basta pôr um canudo num copo d'água: o canudo parece mudar de forma porque os raios de luz se curvam quando entram na água, pois sua velocidade diminui (ver página 18).

Conseguimos ver o espectro da cor quando a luz atravessa o prisma porque cada uma das cores tem um ângulo diferente de refração, o que explica também o fato de aparecerem sempre na mesma ordem. No arco-íris, que surge quando o sol aparece depois de uma tempestade, as gotas de chuva agem como prisma, refratando a luz do sol.

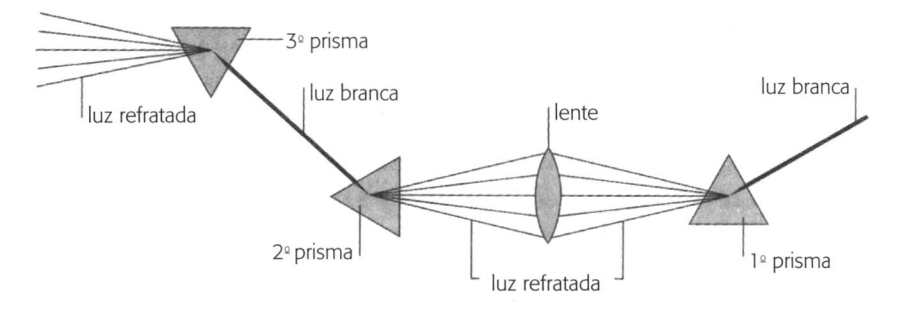

Prisma – experiência de Newton

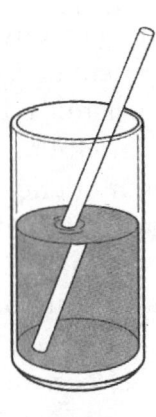

Refração

Para Newton, a luz era uma corrente de corpúsculos luminosos que viajavam em linha reta, com um corpúsculo diferente para cada cor. Isso explicava muitas propriedades da luz, como a reflexão e a refração, mas não explicava o fenômeno da interferência, que Newton observou ao ver que as cores da bolha de sabão aparecem numa ordem diferente das cores do arco-íris. Relacionando essa mudança na ordem das cores com a espessura da película de sabão que forma a bolha, ele tentou produzir um efeito semelhante dirigindo um raio de luz para uma lente convexa muito fina, posta sobre uma vidraça. Descobriu que, no ponto em que a luz tocava o centro da lente e o vidro, aparecia a escuridão, de onde irradiavam anéis coloridos: azul, branco, laranja, vermelho, púrpura e verde. Esses anéis ficaram conhecidos como "anéis de Newton", embora Newton não tenha conseguido explicá-los.

INTERFERÊNCIA

Foi só em 1802 que surgiu a explicação para o fenômeno que Newton observou e que ficou conhecido como "interferência" — o efeito produzido pela superposição de dois ou mais movimentos de onda — e foi demonstrado pelo físico inglês Thomas Young. Em sua experiência, ele usou três telas colocadas a certa distância uma da outra. Na primeira tela, fez uma fenda estreita, e na segunda, duas fendas, a uma distância de mais ou menos 1 milímetro uma da outra. Ao passar pela fenda única, a luz se espalhou, ou se difratou, antes de passar pelas duas fendas, formando duas fontes de luz que novamente se espalharam. Quando essa luz incidiu sobre a terceira tela, apareceu uma faixa brilhante de luz no meio, tendo de cada lado faixas claras e escuras alternadas. Com essa experiência, Young percebeu que, ao se espalharem, as ondas de luz que passavam pelas duas fendas entravam em contato. Quando as cristas ou vales das ondas coincidiam, o que é conhecido como "interferência construtiva", elas reforçavam uma à outra, produzindo faixas brilhantes de cor. Por outro lado, quando as cristas coincidiam com os vales, o que é conhecido como "interferência destrutiva", elas cancelavam uma à outra e criavam faixas escuras no círculo de luz (ver abaixo). Esse fenômeno acontece não só com as ondas de luz, mas também com o som e a água.

Com essa experiência, Young compreendeu que a luz se constitui de ondas, mas suas descobertas e crenças não foram aceitas imediatamente. Mais tarde, o trabalho de Young sobre as ondas de luz levou a uma descoberta importante: a luz tem propriedades em comum com outras formas eletromagnéticas de radiação.

Na mesma época em que Young fazia experiências com as franjas de interferência, William Hyde Wollaston fez uma descoberta surpreendente sobre a luz do sol. Ele descobriu que o espectro do sol não é uma faixa contínua de luz, mas contém centenas de hiatos, em que estão ausentes certos comprimentos de onda. Foi só em meados do século XIX que se descobriu por quê. O físico alemão Gustav Kirchhoff descobriu que os hiatos ocorrem porque os átomos absorvem determinados comprimentos de onda da luz. Isso foi importante para mostrar que há relação entre os átomos e a luz, mas foi só no século XX que surgiu uma teoria sobre essa interação.

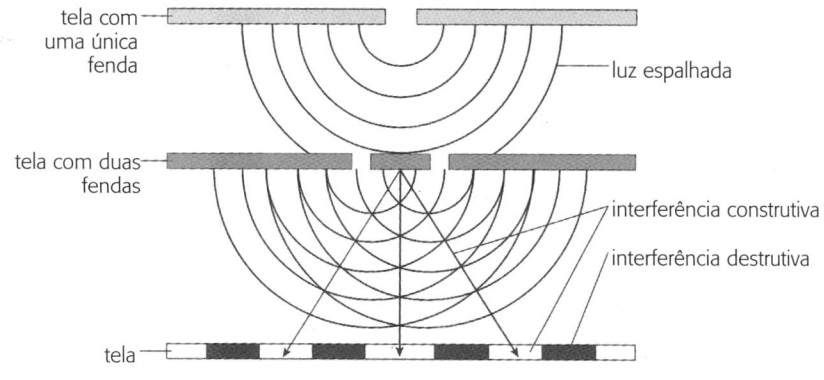

Experiência da fenda dupla de Young

ÁTOMOS E LUZ

Esta teoria foi criada pelo físico alemão Philipp Lenard. Com a colaboração de outros físicos, ele estava investigando a ligação entre os comprimentos de onda da luz, a liberação de elétrons e sua energia. Descobriram que, ao absorver a luz, certos metais emitem elétrons e fluxos de corrente elétrica, mas não conseguiram explicar por que isso acontece. Essa explicação só surgiu em 1900, quando o físico Max Planck propôs que a energia só pode ser irradiada ou absorvida em "pacotes" indivisíveis de energia (agora chamados quanta). Essa proposta revolucionária marcou o início da teoria quântica. Em 1905, o físico alemão Albert Einstein, um dos maiores cientistas de todos os tempos, ampliou essa idéia sugerindo que o quantum de energia emitido por um átomo continua a existir como "pacote" concentrado de energia. Para compreender esse fato e a teoria da luz, precisamos conhecer a estrutura do átomo.

Um átomo constitui-se de um núcleo positivamente carregado que é equilibrado pelos elétrons negativamente carregados que giram à sua volta. Quanto mais longe do núcleo estiverem os elétrons, mais energia eles terão; quanto mais perto, menos energia. Na maioria dos átomos há muitos elétrons e muitos níveis diferentes de energia. As freqüências da luz, que Einstein descreveu como correntes de partículas energizadas chamadas "fótons", são produzidas pela energia perdida quando um elétron passa de uma órbita a outra. É assim que a luz, o calor e os raios invisíveis do espectro eletromagnético são produzidos pelos átomos da superfície do sol.

Imaginando as órbitas formadas pelos elétrons como degraus que levam ao núcleo, um elétron que dá um salto quântico, ou sobe um degrau, libera uma pequena quantidade de energia, produzindo os maiores comprimentos de onda, que se manifestam como luz vermelha. Se o elétron sobe cinco degraus, por exemplo, ele libera mais energia, criando os pequenos comprimentos de onda da luz violeta. Os degraus intermediários formam o *quantum* dos comprimentos de onda que produzem as cores que ficam entre o vermelho e o violeta no espectro da cor. Essa teoria revela que o grande comprimento de onda da luz vermelha contém a menor quantidade de energia, ou o menor número de fótons. E que, por outro lado, o pequeno comprimento de onda da luz violeta contém a maior quantidade de energia, ou o maior número de fótons (ver ilustração).

Quando a luz incide sobre um objeto, seus fótons interagem com os átomos que o formam. Os elétrons que circulam nos átomos atraem os fótons que têm a energia necessária para que eles possam saltar para a órbita seguinte e liberar sua energia em forma de uma pequena quantidade de calor antes de retornar à órbita original. Os fótons que não são absorvidos são refletidos, dando cor ao objeto. Por exemplo: nos vegetais verdes, a clorofila absorve todos os fótons menos os verdes, que ela reflete para dar aos vegetais a sua cor. O pigmento carotenóide, encontrado na cenoura, absorve os menores comprimentos de onda — azul, índigo e violeta — e reflete o vermelho, o laranja, o amarelo e o verde, produzindo a conhecida cor laranja da cenoura. Isso mostra por que os vegetais vermelhos têm muita energia e os vegetais violeta, como a berinjela, têm pouca energia.

Os pigmentos são compostos que absorvem e refletem determinadas ondas de luz com muita eficiência. As que são absorvidas podem ser identificadas com a ajuda de um espectrômetro. Alguns objetos conseguem absorver todos os comprimentos de onda que

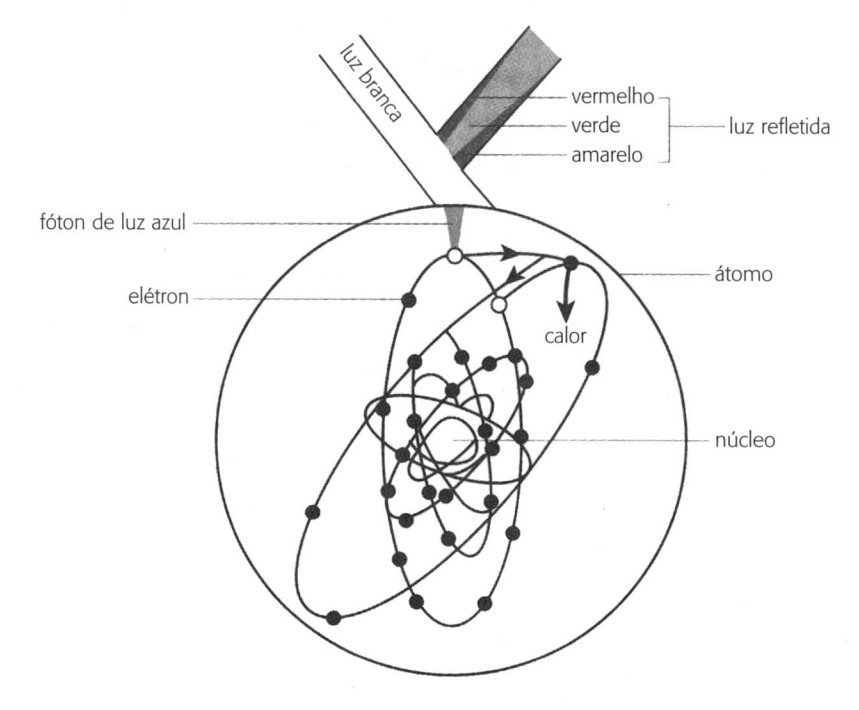

A estrutura de um átomo

constituem a luz e por isso parecem pretos. Por outro lado, objetos que refletem todos os comprimentos de onda da luz parecem brancos. Os que absorvem e refletem uma proporção de cada comprimento de onda parecem cinza.

Os corantes e as tintas obedecem ao mesmo princípio. Antigamente, os corantes eram feitos apenas com pigmentos naturais, o que tornava algumas cores raras e caras. Mas, com a descoberta dos pigmentos sintéticos, temos à nossa disposição uma gama ilimitada de cores.

ENERGIA ELETROMAGNÉTICA

A energia eletromagnética do sol vai dos comprimentos de onda mais longos, as ondas de rádio, aos mais curtos, os raios cósmicos (ver abaixo). Todos esses raios são medidos em metros e nanômetros. O espectro eletromagnético completo contém sessenta ou setenta oitavas. A energia eletromagnética viaja a aproximadamente 190 mil milhas por segundo.

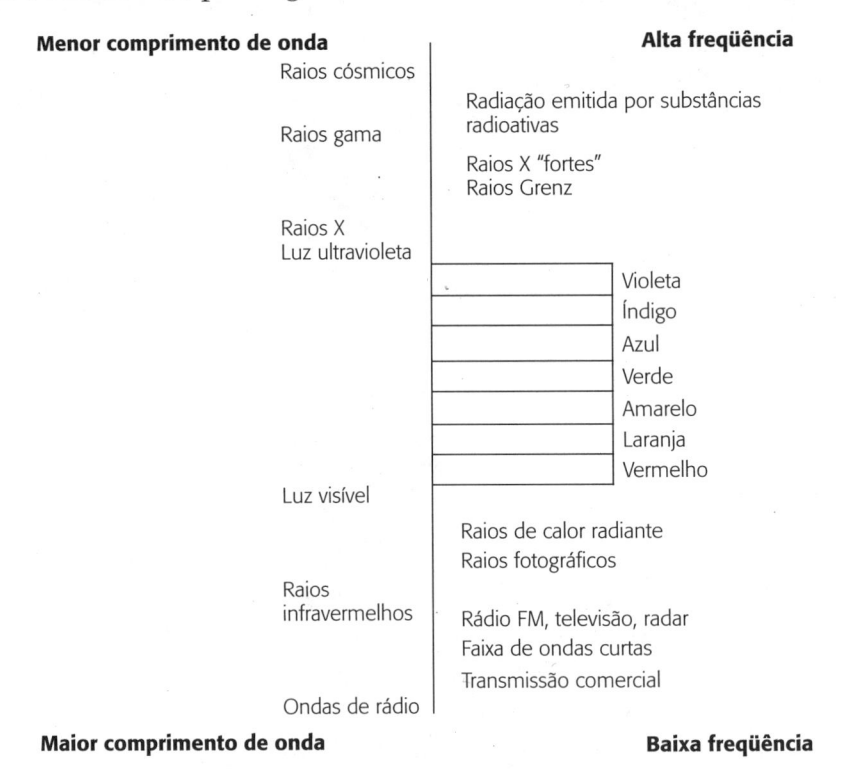

Menor comprimento de onda	Alta freqüência
Raios cósmicos	
	Radiação emitida por substâncias radioativas
Raios gama	
	Raios X "fortes"
	Raios Grenz
Raios X	
Luz ultravioleta	
	Violeta
	Índigo
	Azul
	Verde
	Amarelo
	Laranja
	Vermelho
Luz visível	
	Raios de calor radiante
	Raios fotográficos
Raios infravermelhos	
	Rádio FM, televisão, radar
	Faixa de ondas curtas
	Transmissão comercial
Ondas de rádio	
Maior comprimento de onda	Baixa freqüência

O espectro eletromagnético

Com exceção da luz visível, todos os raios eletromagnéticos são invisíveis ao olho humano, mas são usados pela ciência e pela medicina, às vezes de maneira benéfica, mas às vezes com resultados desastrosos.

Observando as ondas de rádio, descobrimos que suas diferentes faixas de ondas são usadas em radares, microondas, fornos, televisores e rádios. As faixas de ondas curtas são usadas na diatermia, que é a aplicação de correntes elétricas para produzir calor nos tecidos mais profundos do corpo, aliviando o reumatismo, a artrite e a nevralgia. A baixa radiação das microondas, usadas nos fornos de microondas, muda rapidamente o alinhamento das moléculas da água para aquecer a comida. Acredito que esse processo tenha efeito prejudicial sobre o valor nutritivo do alimento aquecido.

Depois das ondas de rádio, chegamos às ondas infravermelhas, que são produzidas por corpos aquecidos. São infravermelhas, por exemplo, as ondas de calor radiante e fotográficas. Elas têm o poder de percorrer grandes distâncias e de penetrar em atmosferas pesadas. Os raios fotográficos reagem com chapas fotográficas, registrando coisas pouco visíveis a olho nu. Os raios de calor radiante são usados para secar, sendo emitidos por radiadores a vapor, aquecedores elétricos e lâmpadas infravermelhas.

Depois do infravermelho, vem a luz visível. Essa parte do espectro é visível para os seres humanos porque nossos olhos contêm terminações nervosas chamadas bastonetes e cones, que são sensíveis a determinada gama de comprimentos de onda. Os bastonetes são responsáveis pela visão noturna, e os cones, pela sensibilidade às cores da luz, medidas em nanômetros. A medida para cada cor do espectro é:

Luz vermelha:	627-780 nanômetros
Luz laranja:	589-627 nanômetros
Luz amarela:	556-589 nanômetros
Luz verde:	495-556 nanômetros
Luz azul:	436-495 nanômetros
Luz violeta:	380-436 nanômetros

Depois da luz visível, chegamos às ondas invisíveis do ultravioleta, que carregam mais energia do que a luz visível e são produzidas por objetos muito quentes. O ultravioleta é dividido em três faixas de onda: A, B e C. A faixa de onda A consegue atravessar quase todos os tipos de vidro, provoca eritema (vermelhidão da pele), faz com que certos materiais fiquem fluorescentes e produz uma reação fotoquímica em outros. É usada em vários processos industriais e em lâmpadas UV. A faixa de onda B tem efeito eritemático e de pigmentação na pele humana. Como produz vitamina D no corpo, auxilia a absorção do cálcio e ajuda a prevenir ou curar o raquitismo. Seu uso é principalmente terapêutico. A faixa de onda C tem efeito germicida, mas pode causar eritema e conjuntivite. Certos materiais ficam fluorescentes quando expostos a esse raio.

Quando os comprimentos de onda diminuem um pouco mais, chegamos aos Raios X: raios Grenz ("suaves") e raios X "fortes". Os "fortes" são os que destroem as células do corpo humano, usados no tratamento de tumores malignos. Na indústria, são usados para detectar falhas no metal. Os suaves conseguem penetrar nas partes moles do corpo mas não atravessam os ossos, por isso são usados em radiografias do esqueleto. O uso excessivo para diagnóstico pode causar anemia, mal de Roentgen e carcinomas. Infelizmente, os raios X são cumulativos no corpo humano. Se usados durante a gravidez, podem causar sérias deformações no feto.

Perto do fim da escala estão os raios gama, descobertos por Pierre e Marie Curie no início do século XX. Os raios gama têm comprimento de onda pequeno e são uma forma de radioatividade. Eles carregam grande quantidade de energia e conseguem penetrar nos metais e no concreto. São usados no tratamento de tumores malignos, mas, como oferecem riscos para a saúde, são cuidadosamente monitorados.

No topo da escala eletromagnética, com o menor comprimento de onda, estão os raios cósmicos. São uma radiação de alta energia, contendo pequenas partículas de núcleos atômicos, assim como alguns elétrons e raios gama. A radiação cósmica bombardeia a atmosfera da terra vinda de regiões remotas do espaço.

Quando estudei o espectro eletromagnético, uma questão me ocorria muitas vezes: se a ciência e a medicina conhecem os efeitos dos raios invisíveis do espectro eletromagnético sobre os objetos e sobre o corpo humano e usam esses raios na indústria e na medicina, como podem afirmar que a parte visível do espectro, a luz, não nos afeta? Foi só quando estudei a luz visível e comecei a trabalhar como cromoterapeuta que provei a mim mesma que as cores que constituem a luz nos afetam e são um poderoso meio de cura. Felizmente, a medicina alopática já considera os efeitos terapêuticos da luz e está começando a usá-los.

COMO A COR É PERCEBIDA

As cores são percebidas pelos olhos. A visão, como sabemos, foi se desenvolvendo durante a evolução a partir de uma variedade de células fotossensíveis simples.

A estrutura simples ou complexa dos olhos de cada espécie determina as cores que essa espécie consegue enxergar. Muitos animais primitivos, como as minhocas e alguns insetos, têm órgãos de visão simples, chamados ocelos. Os ocelos têm uma lente primitiva que dirige a luz para uma retina muito simples, permitindo que essas criaturas distingam entre a escuridão e a luz. À medida que a vida evoluiu, muitos insetos e crustáceos desenvolveram olhos compostos semelhantes às muitas facetas de um diamante. Cada faceta consiste numa lente minúscula que focaliza uma parte do campo de visão e transmite a luz para um pequeno número de células fotossensíveis que formam um omatídio. Os sinais dos receptores de cada omatídio são transmitidos diretamente para o cérebro, que constrói uma imagem da totalidade do campo de visão. Dizem que os insetos com olhos compostos não são sensíveis à extremidade vermelha do espectro, mas altamente sensíveis ao verde, ao azul, ao violeta e ao ultravioleta.

As experiências demonstram que os peixes que vivem nas águas sombrias do fundo do oceano não enxergam as cores, ao contrário dos que vivem perto da superfície. Os cientistas descobriram também que quase todos os pássaros são parcialmente cegos para o azul, mas enxergam o vermelho com clareza notável. As experiências feitas para testar a visão das cores nas várias espécies de animais sugerem que os cachorros têm uma visão rudimentar das cores e que os gatos conseguem ver as cores só em superfícies coloridas de determinado tamanho para cima. As tartarugas, por outro lado, têm boa visão das cores.

Os animais vertebrados, que incluem o homem, têm olhos mais sofisticados. Neles, uma única lente dirige a luz para um grupo de células fotossensíveis semelhantes às lentes da câmera fotográfica, que dirigem a luz para o filme. Os antropólogos acreditam que os primeiros homens viam apenas em preto-e-branco e que a visão das cores foi se desenvolvendo em eras posteriores.

Os olhos dos seres humanos são complexos e, segundo Jacob Liberman (ver página 39), constituem extensões do cérebro. O globo ocular é uma esfera de aproximadamente 2,5 centímetros de diâmetro, dividida em dois compartimentos pelo cristalino, suspenso logo atrás da íris. O maior desses compartimentos está situado atrás do cristalino e é cheio de um fluido transparente, que mantém a forma do globo ocular. A câmara anterior, cheia de humor aquoso, forma a parte frontal do globo ocular, que tem a córnea na frente e o cristalino e a íris atrás. Entre essas duas câmaras está o corpo ciliar, com o músculo ciliar e os dutos que drenam o humor aquoso. As outras partes da estrutura do olho são: a esclerótica ou o "branco do olho", que é o revestimento externo do olho; a córnea, a parte anterior transparente e curva do globo ocular, que ajuda a focalizar a fonte de luz; a coróide, o revestimento vascular do olho, composta de vasos sangüíneos entrelaçados que fornecem alimento para o olho; a íris, que é a continuação pigmentada da coróide na frente do cristalino; a pupila, o orifício circular na frente do cristalino, cercado pela íris; a mácula, uma área da retina onde a luz incide sobre células densamente agrupadas, a fóvea, que forma o centro da mácula; e a retina, um tecido muito fino e sensível à luz que forra o fundo do olho, curvando-se para a frente como um copo arredondado (ver abaixo). Os nervos que saem da retina se juntam para formar o **nervo óptico, ou segundo nervo craniano.**

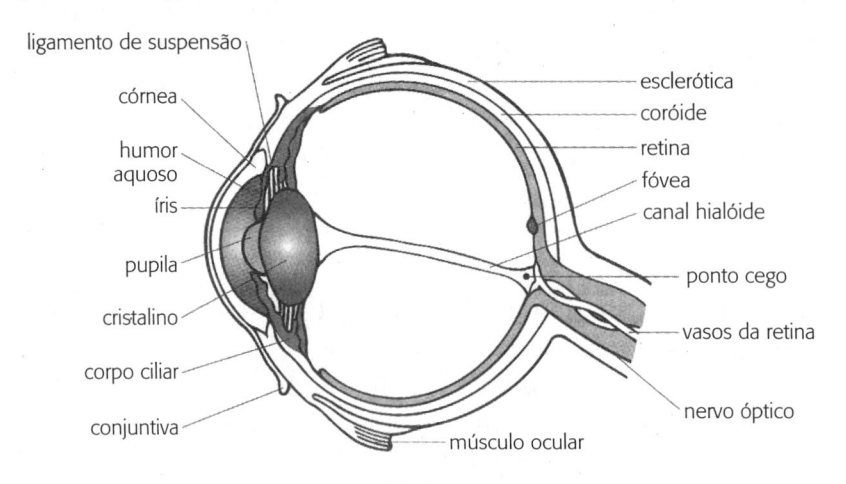

O olho

Nos seres humanos, a retina é formada por células fotorreceptoras conhecidas como bastonetes e cones. Há aproximadamente 120 milhões de bastonetes em toda a retina, mas nenhum na área da fóvea. Os bastonetes contêm o pigmento visual rodopsina e são mais sensíveis à luz azul/verde de 505 nanômetros. Permitem a visão noturna, pois funcionam com pouca luz. Os cones, que são aproximadamente 6 milhões, são responsáveis pela visão das cores. Há três tipos de cones, com três tipos diferentes de pigmentos, que são sensíveis aos tons do vermelho, do verde e do azul, com uma predominância de cones sensíveis ao vermelho e ao verde. Estes estão concentrados na fóvea, responsável pela precisão da visão. Quando os cones sensíveis ao vermelho e os cones sensíveis ao verde são igualmente estimulados, é gerada a sensação de amarelo. Os cones sensíveis ao azul ficam espalhados entre os bastonetes, com alguns poucos na fóvea. Os três tipos de cone têm um amplo espectro de absorção, entre 400 e 700 nanômetros.

A luz que incide sobre o olho é refratada pela córnea, entrando na câmara ocular pela pupila. A íris, ao redor da pupila, fica mais dilatada na luz forte e mais contraída na luz fraca, alterando o tamanho da pupila, que assim admite a quantidade certa de luz. A luz atravessa então o cristalino, cuja forma é determinada pelo músculo ciliar, e projeta uma imagem invertida na retina. Ali, a luz é absorvida pelos fotorreceptores, ou seja, os bastonetes e cones. A luz que não é absorvida pelos fotorreceptores é absorvida por uma camada de células que forra a parte de trás da retina. A luz absorvida pelos fotorreceptores é transformada em sinais elétricos que são transmitidos por meio de um processo complexo para a cabeça do nervo óptico, que então os transmite para o córtex da visão na parte de trás do cérebro.

Há dois outros caminhos para a luz, sendo que o primeiro é pouco conhecido. Ele vai da camada de células nervosas da retina diretamente para o hipotálamo. O hipotálamo e a glândula hipófise funcionam juntos para controlar quase todas as glândulas endócrinas do corpo físico. Por meio da hipófise, o hipotálamo controla as funções do corpo, que, como se sabe, são influenciadas pela percepção da luz: temperatura, metabolismo, equilíbrio hídrico, funções sexuais e reprodutoras. A hipófise e o hipotálamo controlam também os padrões de sono e comportamento, o apetite e o equilíbrio do sistema nervoso autônomo. Além disso, o hipotálamo abriga o relógio biológico do corpo.

A luz que entra no olho afeta o sistema nervoso autônomo pela segunda via não-visual, que liga o olho à glândula pineal. Um pequeno número de fibras nervosas sai do olho e se desvia para o trato óptico inferior: são elas que permitem que os impulsos nervosos do olho sejam transmitidos do cérebro para a medula espinhal. Os impulsos vão da medula espinhal, logo abaixo do pescoço, para as células cervicais do sistema nervoso simpático, de onde seguem uma rota que volta para a glândula pineal.

A glândula pineal é conhecida como "medidor de luz" do corpo: pelos olhos, ela recebe informações do ambiente sobre a luz e a escuridão. As secreções dessa glândula são determinadas pelo número de impulsos nervosos simpáticos que a atingem, sendo que esses impulsos são suprimidos ou estimulados pela transmissão nervosa que vem dos olhos quando a retina reage à luz.

Essas duas rotas não-visuais mostram como é importante que os olhos absorvam a luz natural do dia. Acho que, hoje em dia, muitas doenças são causadas pela desnutrição luminosa e que nossa saúde geral melhoraria muito se ficássemos pelo menos trinta minutos por dia ao ar livre sem usar óculos nem lentes de contato.

Ao longo da História, foram muitos os usos terapêuticos da luz e da cor — e é deles que vamos tratar agora.

CAPÍTULO 2

A História da Cromoterapia

A luz e o calor, que provêm do sol, são essenciais para sustentar todas as formas de vida. Por essa razão, o sol e os deuses a ele associados têm sido adorados pelo homem através dos tempos. No antigo Egito, o sol em seu zênite era visto como a encarnação do deus Rá, enquanto o sol nascente era associado a Hórus, e o poente, a Osíris. Os gregos antigos relacionavam o sol a Apolo e ao olho de Zeus, enquanto do outro lado do mundo os incas o representavam com forma humana e um disco radiante de ouro no lugar do rosto. O deus sol dos maias era Ahau Kin: de aparência ora jovem, ora envelhecida, ele percorria o submundo como o deus jaguar, entre o pôr e o nascer do sol. No hinduísmo, o sol é "O Vivificador" e, para os cristãos, simboliza Deus Pai, que governa o universo, irradiando luz e amor.

Dante escreveu: "No mundo inteiro, nenhuma coisa visível é mais digna de servir como símbolo de Deus do que o sol, que ilumina primeiro a si mesmo com luz visível e, depois, todos os corpos celestiais e mundanos".

Em quase todas as tradições, o sol é conhecido como o Pai Universal e é relacionado ao olho direito. O olho esquerdo e a Mãe Universal são associados à lua. O sol ordena a vida das pessoas pela seqüência das estações, do dia e da noite. Os primeiros homens aproveitavam a ação de cura dos raios do sol porque passavam muito tempo ao ar livre, caçando e trabalhando. Depois do pôr-do-sol, eles se retiravam para o fundo das cavernas e dormiam até de madrugada. Infelizmente, a vida moderna nos prende dentro de casa durante a maior parte do dia, privando-nos da luz natural do sol, que é essencial para a saúde.

Em muitas culturas, os solstícios e equinócios solares são da maior importância. Os equinócios são as duas épocas do ano em que os dias e as noites são iguais e a declinação do sol é zero. No hemisfério norte, ocorrem na primavera, por volta de 21 de março, e no outono, por volta de 25 de setembro. No hemisfério sul as estações são invertidas. Os solstícios ocorrem quando o sol parece estar parado em sua declinação mais alta ou mais baixa, produzindo o dia mais longo e a noite mais curta do verão e o dia mais curto e a noite mais longa do inverno. No solstício do verão, por volta de 1º de junho no hemisfério norte, o sol aparece em sua declinação mais alta porque a terra está no ponto mais baixo de sua órbita. No solstício do inverno, por volta de 22 de dezembro no hemisfério norte, o sol aparece em sua declinação mais baixa porque a terra está no ponto mais alto de sua órbita. Dizem que o solstício do inverno é a "porta dos deuses", simbolizando a ascensão e o poder crescente do sol. O solstício do verão é chamado de "porta dos homens" e está ligado ao declínio e ao poder minguante do sol.

Em muitas civilizações, a luz é associada às manifestações da divindade e representa a verdade e o conhecimento direto, que levam ao estado de iluminação, de totalidade. Para o homem antigo, era a luz que sustentava a vida. Assim, a iluminação era sinônimo de saúde do corpo, da mente e do espírito. Para alcançar esse estado de totalidade, esses três aspectos do ser tinham que estar em harmonia entre si. Ainda hoje, as terapias alternativas adotam esse conceito.

Nos tempos antigos, a magia e o ritual desempenhavam um grande papel na cura. Os magos acreditavam que podiam atingir esse estado de iluminação e trazê-lo para os doentes, que podiam "trazer a luz" até eles, transferindo e refletindo seu poder. Essa crença criou uma ligação entre magia, religião e medicina.

OS PRIMEIROS USOS DA LUZ E DA COR

Segundo o material canalizado por Frank Alper e publicado em seus livros sobre a Atlântida, a luz e a cor foram usadas pelos habitantes de Atlântida para curar (*Exploring Atlantis*, volumes 1, 2 e 3,

Arizona Metaphysical Society, 1981). Alper fala de templos circulares com salas de cura ao longo da circunferência. Os telhados desses templos eram feitos de cristais justapostos que refratavam a luz do sol, enchendo o local com as cores do espectro. As portas das salas de cura eram projetadas para vibrar na freqüência da cor necessária. Essas salas eram usadas para partos, para sessões de cura e para assistir a transição da vida terrena para a vida espiritual na hora da morte. Acredita-se também que os habitantes de Atlântida usavam certos padrões geométricos, formados com cristais, em suas técnicas de cura. Segundo eles, esses padrões amplificavam a energia vibracional das cores.

No antigo Egito, cada aspecto da saúde ou da doença era associado a uma divindade. Rá, o deus sol, ocupava o mais alto lugar do panteão, enquanto Ísis era a deusa da cura, com templos dedicados ao seu poder. Havia também agentes de cura sobrenaturais, como Hathor, senhora do céu e protetora das mulheres na hora do parto. As duas mais importantes divindades da cura eram Thoth e Imhotep. Thoth era o patrono dos médicos e dos escribas, e o uso da cor na cura era atribuído a ele. Nos tratamentos egípcios, os gestos religiosos e mágicos tinham função vital. Os agentes de cura expulsavam demônios com o uso de encantamentos e dirigiam súplicas aos deuses para que protegessem os pacientes contra os espíritos malignos. Usavam a cor por meio de ervas, ungüentos e tinturas, além de metais e minerais coloridos, como o cobre, o carbono e o antimônio, que entrava também na composição das tinturas usadas para embelezar os olhos das mulheres. Atribuíam ao antimônio propriedades anti-sépticas capazes de prevenir doenças nos olhos.

Os arqueólogos descobriram que os egípcios, como os habitantes de Atlântida, tinham salas de cura individuais, construídas em templos ricamente decorados. Essas salas eram construídas de tal forma que quando o sol entrava, seus raios se dividiam nas cores do espectro. Os que vinham se curar passavam por um "diagnóstico da cor", indo depois para a sala que irradiava a cor prescrita.

Na Índia também havia ligação entre magia, cor e cura. A Índia é um país cheio de cores, e o hinduísmo é uma de suas religiões mais antigas, que evoluiu ao longo de um período de 4 mil anos e formou a base da tradicional medicina ayurvédica (conhecimento da vida). Para os hindus, seus deuses influenciam a saúde e a doença. O *Athar-*

va-Veda — uma parte dos Vedas, que é uma coletânea de preces e hinos antigos – traz encantamentos e feitiços para combater a doença, os ferimentos, a fertilidade e a insanidade. Os métodos de diagnóstico tinham aspectos mágicos e racionais. No tratamento, usavam-se minerais e pedras preciosas, que, segundo se acreditava, eram uma concentração dos sete raios cósmicos. Até hoje a medicina ayurvédica usa pedras preciosas, associando o ônix à luz ultravioleta, o olho-de-gato à luz infravermelha, o rubi à luz vermelha, a pérola à luz laranja, o coral à luz amarela, a esmeralda à luz verde, o topázio à luz azul, o diamante à luz índigo e a safira à luz violeta. Essas pedras eram examinadas através de um prisma para determinar sua verdadeira cor cósmica porque, segundo se acreditava, a cor aparente nem sempre era a verdadeira essência da pedra.

A medicina clássica chinesa era baseada em obras atribuídas a três imperadores lendários: Fu Hs, responsável pela composição das linhas yang e yin; She Nung, o Imperador Vermelho, que compilou o primeiro livro sobre ervas medicinais; e Yi Hsiung, o Imperador Amarelo, que compilou o grande compêndio médico, o *Nei Ching* (Cânone da Medicina). Segundo ele, havia cinco métodos de tratamento: curar o espírito, alimentar o corpo, medicar, tratar o corpo inteiro e usar acupuntura e moxibustão. A cor era usada na forma de ervas, minerais e ungüentos.

Atualmente, a cor foi reintroduzida nessa antiga arte da cura na forma de "corpuntura": aplicação da cor necessária, em forma de luz, nos pontos da acupuntura. Esse método foi criado e desenvolvido pelo cientista Peter Mandel. Ele descobriu que a luz colorida, focalizada nos pontos da acupuntura, desencadeia vigorosos impulsos de cura no corpo físico e no corpo energético.

Na Grécia antiga, a cor era usada em combinação com o som. O filósofo Pitágoras criou um centro médico e filosófico inspirado no misticismo órfico, que envolvia o ascetismo e a crença na reencarnação. Os pitagóricos trabalhavam com a ciência dos números e criaram teorias científicas sobre o som e as oitavas musicais, que usavam em combinação com a cor em seus métodos de cura. A cor e o som têm grande afinidade entre si. Além de serem ambos energia vibracional, cada cor do espectro, com seus tons e nuanças, pode ser associada a um som. Além disso, os pitagóricos ensinavam a importância da dieta, dos exercícios e dos medicamentos.

Outro médico grego, Hipócrates, nasceu na ilha de Cós e é considerado o pai da medicina moderna. Há muitas histórias sobre ele, verdadeiras e falsas. Dos documentos atribuídos a ele, o mais conhecido é o Juramento de Hipócrates, que traz afirmações e proibições. Acredita-se que ele adotava o sistema grego, que explicava o mecanismo da doença em termos de quatro humores ou fluidos corporais: sangue (vermelho), que é ligado ao coração; bile amarela, associada ao baço; bile negra, formada no cérebro; muco branco, formado no fígado. Para atingir a harmonia e a saúde, é preciso manter o equilíbrio entre eles. Dizem até que Hipócrates era um alquimista e que, como tal, empregava a cor e a magia em suas técnicas de cura, usando flores, emplastros, ungüentos e minerais.

Além dos tratamentos por meio da cor, o uso da luz do sol para fins terapêuticos (helioterapia) era uma prática comum entre gregos e romanos, que foram os primeiros a manter registros escritos sobre ela. Heródoto é considerado o pai desse tratamento. A cidade grega de Heliópolis era famosa por seus templos de cura, projetados para decompor a luz do sol nas cores do espectro, de maneira semelhante à dos templos em Atlântida e no Egito.

A ERA CRISTÃ

Durante os primeiros cinco séculos da era cristã, as práticas médicas que envolviam cor, cantos e adoração de algum deus eram consideradas pagãs. Isso levou essas práticas à clandestinidade e o conhecimento antigo passou a ser transmitido oralmente. Com isso, muitos dos escritos gregos e romanos sobre procedimentos médicos holísticos se perderam. No pensamento judaico, a doença era vinculada à punição ou ao desagrado divino. A antiga Igreja Cristã não desaconselhava essa crença, ensinando que o certo era sofrer até que a cura viesse pela graça ou pela intervenção divina.

No século VII, graças à religião islâmica, muitos dos escritos médicos remanescentes foram traduzidos para o árabe e depois para o latim. Entre as obras traduzidas nesse período estão as de Aristóteles, Hipócrates e Galeno, outro célebre médico grego.

Um dos primeiros tradutores foi Avicena, um médico notável que reintroduziu a cor na medicina. Avicena nasceu na Pérsia e, dizem, foi um menino prodígio que aos 10 anos dominava o Alcorão.

Interessou-se pelas idéias de Aristóteles e escreveu uma enciclopédia científica aos 21 anos. O mais famoso dos seus quase cem livros é *O Cânone da Medicina*, que influenciou as idéias e os procedimentos médicos de um número incontável de tradutores, professores e praticantes. No *Cânone*, Avicena faz referência às suas descobertas sobre o uso terapêutico da cor, tratando até mesmo dos efeitos adversos que ela pode provocar. Para os tratamentos, ele usava vermelho, azul e amarelo. Observou que o vermelho aumenta a pressão sangüínea, enquanto o azul a diminui. O amarelo, dizia ele, reduz a inflamação e a dor.

Durante a Idade Média, o misticismo voltou a se difundir: cantos mágicos eram entoados na presença do doente, durante as cirurgias e a preparação das drogas. A astrologia também reconquistou sua importância. Além disso, como se acreditava que certas doenças estavam relacionadas com a possessão demoníaca, os amuletos eram muito usados para espantar todos os tipos de espíritos malignos.

O tratamento médico na Idade Média parece ser uma combinação bizarra de ciência e misticismo, mas era derivado da redefinição da concepção clássica dos humores. Com essa redefinição, a cor voltou a ser usada por meio de ervas, extratos vegetais e ungüentos. Além disso, era usado o método muito menos holístico da sangria.

Durante a Renascença, as práticas médicas fizeram grandes avanços. Além do crescente interesse pela magia, os médicos eram versados em física e astronomia. Difundiu-se o estudo de Hipócrates e a observação esclarecida dos fenômenos naturais.

Um importante mestre da cura desse período foi Theophrastus Bombastus von Hohenheim, ou Paracelso. Paracelso nasceu perto de Zurique, tinha título de médico e muito interesse em alquimia, astrologia e ciências ocultas. Aprofundando seus conhecimentos de alquimia, aplicou-os ao tratamento da doença, o que lhe valeu o título de "Pai da Farmacologia". Acreditava que as doenças eram causadas pelas influências das estrelas e planetas sobre o corpo astral do homem. Sempre inspirado na alquimia, passou a usar a cor na prática médica, administrando-a por meio da luz, das ervas e dos minerais.

O século XVII, a "Era da Revolução Científica", foi um ponto decisivo na história da ciência. Os cientistas deixaram de perguntar por que as coisas acontecem para perguntar como acontecem. Mas a terapia ainda era uma continuação do passado, limitando-se ao uso de drogas derivadas de plantas, minerais e partes de animais.

No século XIX, os conhecimentos de anatomia tiveram um grande avanço, graças à prática da dissecação de cadáveres e dos procedimentos cirúrgicos, que passaram a ser combinados com o uso dos medicamentos. Com o advento da chamada "medicina moderna", perdeu-se o conceito de tratar a pessoa como um todo. A ciência e as práticas médicas se uniram, com ênfase no corpo físico e suas doenças. Esses novos conceitos excluíam os aspectos espiritual, emocional e mental. Com isso, a cor também foi excluída.

Mas, em meados do século XIX, o tratamento pela luz do sol foi reintroduzido por Jakob Lorber. As informações sobre as técnicas de aplicação estão no livro *The Healing Power of Sunlight*, publicado em alemão em 1851 (a tradução para o inglês, feita por Gerhard Hansville e Franco Gallo, foi publicada em 1997 pela Merkur Publishing Inc.). Lorber afirma que as informações que ele dá nesse livro vêm diretamente de Deus. Segundo ele, as partes doentes do corpo devem ser expostas aos raios do sol, e o doente deve tomar muita água limpa da fonte, infiltrada pelo sol. Ele enfatiza também a importância da dieta.

Lorber descreve o processo de solarização e armazenamento das pílulas para que mantenham sua potência. Descreve técnicas para solarizar o sal marinho puro ou sulfúreo, que segundo ele é um excelente remédio para fraturas ósseas. Para melhores resultados, ele afirma que o sal deve ser dado ao doente em colher de ouro ou da mais pura prata. Lorber acreditava que, posto sobre a língua, o sal solarizado podia recuperar totalmente uma pessoa já próxima da morte que não estivesse enfraquecida demais. Se a recuperação não fosse completa, a vida dessa pessoa seria ao menos prolongada. Ele afirma também que a solarização do sangue de um cordeiro ou de um bezerro saudável, até que se transforme em pó marrom, produz um excelente remédio para doenças do pulmão e hemorragias. No final do livro, ele faz uma lista de remédios para várias doenças específicas, incluindo tumores malignos, e explica como preparar tinturas solarizadas. Ainda hoje, usamos água e placebos solarizados na cromoterapia, mas os métodos são mais avançados.

Outro pioneiro da cura pela luz do sol foi o médico dinamarquês Niels Ryberg Finsen (1860-1904). Foi o primeiro a aplicar cientificamente a luz: usava luz artificial, especialmente o arco de carvão, que começou a usar em 1892 para tratar tuberculose da pele (*lupus vulgaris*). Observando que essa doença era mais comum no inverno, deduziu que a luz do sol tinha influência sobre ela. Pelo trabalho que realizou nessa área e pela cura milagrosa de muitas pessoas, ele recebeu o Prêmio Nobel em 1903, tornando-se conhecido como o "Pai da Fotobiologia".

Na Suíça, o dr. Augustus Rollier (*La Care de Soleil*, 1903) usou a helioterapia em grande escala, e seu trabalho foi muito aclamado. Ele a usava em sanatórios, na prevenção e no tratamento da tuberculose. Num congresso médico em Paris, ao apresentar pela primeira vez evidências de suas curas, ele foi ridicularizado pela audiência. Sem se abater, continuou seu trabalho, criando 36 clínicas para o tratamento. Acreditava no poder de cura do sol e tirava fotografias antes e depois do tratamento para comprovar suas teorias.

A REDESCOBERTA DA COR

Nessa época, médicos que usavam os raios diretos do sol nos tratamentos começaram a prestar atenção nas cores que constituem esses raios. O dr. Seth Pancoast e o dr. Edwin Babitt foram pioneiros nessa área. Pancoast publicou um livro chamado *Blue & Red Lights* (J.M. Stoddart & Co., 1877), em que descreve o uso terapêutico de filtros de vidro azul e vermelho. Segundo ele, os raios vermelhos aceleram o sistema nervoso e os raios azuis o relaxam. Era grande o seu interesse pelos ensinamentos cabalísticos e pela sabedoria dos antigos filósofos. Foi nesses ensinamentos que baseou suas teorias relacionadas à cor.

Em 1878, o dr. Edwin Babitt publicou o livro *The Principles of Light and Colour* (publicação pessoal). Boa parte de seu trabalho envolvia as três cores primárias: vermelho, amarelo e azul. Segundo ele, o vermelho é o centro do calor e a cor principal do hidrogênio, o amarelo é o centro da luminosidade, e o azul, o centro da eletricidade e a principal cor do oxigênio. Para administrar a cor aos pacientes, inventou um gabinete chamado "Thermoline", que usava a luz natural do sol. Esse gabinete foi depois remodelado, e a fonte de luz passou a ser o que Babitt chamava de "arco elétrico". Usava também um "cromodisco", ao qual adaptava filtros coloridos, conseguindo assim projetar as cores em partes específicas do corpo. Além disso, usava água solarizada. Para solarizar a água, ele adaptava a um frasco uma "lente cromática" (desenvolvida para isso) da cor desejada. O frasco era pendurado ao sol, e quando a água ficava pronta o paciente a bebia.

No início do século XX, o ocultista, filósofo, professor e líder religioso Rudolf Steiner realizou pesquisas sobre a cor, acreditando que ela é uma entidade viva e que cada cor tem um significado espiritual. Steiner afirmava que a cor teria um papel muito importante na medicina do século XX. Segundo ele, a causa da doença é a separação entre a consciência terrena e a percepção superior, o que é curado por meio da arte. Ele trabalhava com vermelho, azul, amarelo, verde, branco, preto e pêssego, cores que dividia em duas categorias: o vermelho, o azul e o amarelo eram "cores ativas" enquanto o branco, o preto, o verde e o pêssego eram "cores-imagem". Ele as relacionava a formas matemáticas, acreditando que essas formas tinham o poder de amplificar o efeito de cura da cor. Hoje em dia, as teorias de Rudolf Steiner são ensinadas e praticadas nas escolas Waldorf, cujo método pedagógico foi idealizado por ele.

Ao contrário de Steiner, Max Luscher, antigo professor de psicologia da Basle University e autor de *The Luscher Colour Test* (traduzido e editado por Ian Scott, Pan Books, 1971), acredita que a cor serve para diagnosticar e tratar doenças físicas e psicológicas. Segundo suas teorias, a preferência de uma pessoa por determinadas cores está diretamente ligada ao "valor emocional" dessas cores e é um indicador de traços básicos da personalidade. Essas teorias se baseiam no estilo de vida do homem primitivo, que, segundo ele, tinha a vida controlada pela luz do dia e pela escuridão da noite. Durante o dia o homem era ativo, o que aumentava o nível metabólico e as secreções glandulares. À noite ele se aquietava, atingindo um estado de paz e relaxamento. Com base nisso, Luscher associa o azul-escuro, a cor da noite, à quietude e à passividade, e o amarelo, a cor do dia, à esperança e à atividade. Ele acredita ainda que o homem primitivo passava suas horas de vigília caçando e atacando, o que atribui ao vermelho, ou sendo caçado e se defendendo, o que associa ao verde.

As teorias da cor de Luscher foram retomadas pelo cientista russo S. V. Krakov, que provou que o vermelho estimula a parte simpática do sistema nervoso e que o azul estimula a parte parassimpática (ver "Colour Vision and the Nervous System", *Journal of the Optical Society of America*, junho de 1942).

No século XX, Dinshah P. Ghadiali e o dr. Harry Riley Spitler trouxeram grandes contribuições para a cromoterapia. Ghadiali, nascido na Índia em 1873, não tinha formação médica, mas recebeu um título honorário por suas pesquisas sobre a cor. Em 1934, publicou em três volumes um curso de cromoterapia para ser feito em casa: *The Spectro-Chrome Metry Encyclopedia* (volumes 1, 2 e 3, Spectro-Chrome Institute, Malaga, NJ, 1939). Versado em eletricidade, matemática e física, Ghadiali acreditava que o som, a luz, o magnetismo da cor e o calor são na verdade a mesma energia com freqüências vibracionais diferentes. Com seus conhecimentos de física e química, formulou uma abordagem científica para a aplicação da cor ao corpo humano. Relacionou a cor e a vibração à fisiologia do corpo, acreditando que os elementos não são puros, mas sim compostos que não possuem um espectro único ou puro.

Para aplicar as doze cores com que trabalhava, Ghadiali inventou duas máquinas que as transmitiam por meio de *slides*. A primeira, que ele chamava de "espectrocromo graduado", continha uma lâmpada de 2 mil watts e um motor que fazia girar um porta-*slides* de alumínio com *slides* coloridos. A segunda máquina era o "espectrocromo de alumínio", que ele inventou para uso doméstico. Vinha com um manual e continha uma lâmpada de mil watts, um *timer* automático e um porta-*slides* lacrado com *slides* coloridos.

O trabalho de Ghadiali não foi comprovado cientificamente, mas ele tem vários adeptos, entre os quais a dra. Kate Baldwin, cirurgiã que trabalha nos Estados Unidos. Ela afirma que consegue resultados mais rápidos e precisos com a cor do que com todos os outros métodos combinados, e com menos *stress* para o paciente. Acredita também que, feita antes e depois da cirurgia, a cromoterapia acelera a recuperação.

O dr. Harry Riley Spitler, médico e optometrista, é responsável por um sistema de cromoterapia que ele chamou de "Syntonics". Em 1933, ele fundou o College of Syntonic Optometry, definindo *sintônica* como "o ramo da ciência ocular que trata de partes selecionadas do espectro visível" (*The Syntonic Principle*, College of Syntonic Optometry, 1941). Tendo estudado a obra de seus predecessores e pesquisado o uso terapêutico da cor no sanatório que dirigia, ele passou a aplicar a luz diretamente sobre os olhos, com resultados muito positivos. Em vista desses resultados, começou a fazer experiências com coelhos, que apresentavam mudanças incomuns quando submetidos a certas cores. Assim, Spitler percebeu que a luz que entra pelos olhos tem um importante papel no funcionamento do sistema endócrino e no sistema nervoso autônomo. Segundo ele, seu tratamento era capaz de modificar a visão da pessoa graças à dependência dos olhos em relação ao sistema nervoso. Acreditando que, para o sucesso da terapia, tinha que tratar o paciente em sua totalidade e não apenas a queixa, ele levava em consideração a constituição física, mental e emocional de cada um. Ao contrário dos tratamentos de Ghadiali, Spitler trabalhava com 31 combinações diferentes de filtros.

Em 1977, Jacob Liberman, um optometrista norte-americano, ouviu falar do trabalho de Spitler e assistiu a um dos cursos do College of Syntonic Optometry. Entusiasmado, comprou o equipamento e continuou o trabalho de Spitler do ponto onde ele havia parado. Tornou-se assim um dos pioneiros no campo do uso terapêutico da luz e desenvolveu o que ele chama de "fototerapia ocular". Para esse tratamento, ele construiu uma máquina considerada a mais avançada nessa área: ela emprega vinte filtros coloridos e projeta todo o espectro visível. Como Spitler, Liberman afirma que, para a pessoa ficar saudável, todos os seus aspectos — físico, mental, emocional e espiritual — devem ser levados em consideração. Ele ensina também que os olhos são espelhos que irradiam a luz contida em cada pessoa. À medida que a pessoa trabalha para ficar saudável, sua luz interior se expande e irradia através dos olhos. Publicou dois livros, *Light: Medicine of the Future* (Bear & Co., 1991) e *Take Off Your Glasses and See* (Thorsons, 1995), que explicam seu trabalho.

Como diz Liberman com toda a razão, somos seres de luz e precisamos da luz natural que o sol irradia para manter a saúde.

Outro pioneiro que trabalhou nesse sentido foi John Ott. Ott era banqueiro por profissão, mas tinha como *hobby* a fotografia científica, o que o levou a descobrir a importância da luz ultravioleta para o crescimento saudável das plantas. Depois disso, realizou experiências controladas com ratos. Assim como no caso das plantas, descobriu que os ratos que viviam na luz natural do dia tinham vida mais longa que os que viviam sob luz artificial sem raios ultravioleta.

Ott sofria de artrite. Um dia, quebrou os óculos e, sem eles, foi obrigado a trabalhar ao ar livre. Depois de uma semana, percebeu que a artrite tinha melhorado, permitindo-lhe caminhar sem a bengala. O incidente o inspirou a realizar algumas experiências, que mostraram que apenas 2% dos raios ultravioleta atravessam o vidro. Como sua saúde tinha melhorado tanto sem os óculos, ele deduziu que o espectro completo da luz, absorvido através dos olhos, é essencial para a saúde humana (ver seu livro *Health and Light*, Ariel Press, 1973).

Em 1934, com base no trabalho de Ghadiali e Spitler, o dr. Emmitt Knott e o dr. Virgil Hancock publicaram suas descobertas a respeito de um instrumento inventado pelo dr. Knott, chamado *Haemo-Irradiation Machine*. O objetivo dessa máquina era irradiar uma pequena quantidade de sangue extraído de um paciente com luz ultravioleta antes de reinjetá-lo no paciente. O nome dado à terapia era "retransfusão de sangue irradiado com ultravioleta" (UVIBR — *ultraviolet irradiated blood retransfusions*). Com isso, os dois médicos trataram com sucesso doenças como infecções virais, peritonite e toxemia avançada. Esse tratamento parecia funcionar mesmo quando os medicamentos falhavam. Foi usado na Alemanha, nos Estados Unidos e na União Soviética até meados dos anos 50. Por vários motivos, foi abandonado até meados dos anos 70, quando foi reintroduzido e aperfeiçoado na União Soviética. Em meados da década de 80, foi desenvolvido outro método de fotomodificação: "irradiação intravenosa do sangue com luz *laser* visível" (ILIB — *intravenous visible laser light irradiation of blood*).

Hoje em dia, esses tratamentos são usados na Rússia pela professora Kira Samoilova. Ela se formou em biologia na Universidade de Leningrado em 1957 e depois fez pós-graduação no Instituto de Citologia da Academia de Ciências de São Petesburgo, onde trabalha atualmente. No início, seus estudos focalizavam as mudanças estruturais funcionais em células de animais, sob o efeito de radiação UVC. Nos anos 80, ela começou a trabalhar no sentido de dar embasamento científico ao uso dos novos métodos de fototerapia na medicina convencional e veterinária. Publicou mais de 150 artigos descrevendo os resultados dessas investigações e um livro intitulado *Effect of UV Radiation on the Cell* (Nauka, Leningrado, 1967). Atualmente, ela edita e coordena sete monografias coletivas na área de fotobiologia e fotomedicina.

O MODERNO TRATAMENTO COM A LUZ

Atualmente, há na medicina vários tratamentos que usam a luz. A luz azul, por exemplo, é usada para tratar bebês prematuros com icterícia. Segundo estudos publicados nos anos 60, a luz azul elimina a bilirrubina que fica retida no corpo do bebê devido à imaturidade do fígado. Quando ainda não se usava a luz azul, os bebês eram submetidos a transfusões de sangue às vezes fatais (para mais informações, leia J. R. Lacy, *Neonatal Jaundice and Phototherapy*, Paediatric Clinics of North America, 1972).

A luz ultravioleta, que começou a ser usada no começo do século, ainda é usada para tratar problemas de pele, como a acne e a psoríase. Todos nós já ouvimos falar dos efeitos nocivos da superexposição à luz ultravioleta, um dos quais é o câncer de pele. Essa teoria é correta, e agora, que a camada de ozônio que envolve a terra está sendo destruída, o cuidado deve ser ainda maior. Mesmo assim, a luz ultravioleta é necessária ao nosso bem-estar. Mas não é preciso ficar ao sol durante horas: essa luz pode ser absorvida pelos olhos, mesmo na sombra, contanto que não se use óculos nem lentes de contato.

Existe um distúrbio afetivo sazonal que vem sendo tratado com a ajuda do espectro completo da luz. Esse distúrbio, descoberto pelo dr. Norman Rosenthal (*Seasons of the Mind*, Bantam, 1989), ele mesmo uma vítima desse mal, começa no início do outono e desaparece na primavera. É provocado por altos níveis de melatonina no sangue durante o dia (a melatonina é um hormônio secretado pela glândula pineal). Os sintomas são letargia, depressão e muita vontade de ingerir carboidratos. Eu sempre achei que a melatonina é nosso hormônio de hibernação. Quando cai a escuridão, sua secreção aumenta, induzindo o sono. Nos meses de inverno, com a redução das horas do dia, pode haver uma superprodução desse hormônio. Para tratar esse distúrbio, foi desenvolvida uma cabine de luz com lâmpadas fluorescentes que emitem todas as cores do espectro. O paciente é tratado com exposições diárias a essas lâmpadas. O tempo das exposições varia de meia hora a três horas, dependendo da intensidade da luz emitida pelas lâmpadas. Esse tratamento tem o mesmo efeito de um dia ensolarado: diminui a produção do hormônio da glândula pineal.

Luz Laser

Em 1960, um médico norte-americano construiu uma máquina capaz de produzir um raio de luz muito pura e concentrada. O raio ficou conhecido como *laser*, iniciais de: *Light Amplification by Stimulated Emission of Radiation*. Ao contrário da luz produzida pelos átomos, que é uma mistura de muitos tipos de ondas porque é emitida ao acaso, os raios *laser* têm o mesmo comprimento de onda, vibrando e se movimentando na mesma direção e de forma contínua, permitindo que um nível muito alto de energia seja projetado na forma de um feixe paralelo e intenso de luz.

A luz *laser* é produzida pela estimulação dos átomos de meios sólidos, líquidos ou gasosos. O tipo de líquido ou gás determina o tipo de *laser* produzido. O *laser* tem três grandes vantagens: potência, velocidade de ação e possibilidade de ser focalizado sobre pontos específicos e muito pequenos. Por isso, permitiu grandes progressos na microcirurgia, especialmente a endoscopia com fibra óptica.

Na cirurgia, o *laser* é usado principalmente na fotocoagulação de vasos e na incisão de tecidos. No primeiro caso é usado o *laser* de argônio, que produz luz verde, e, no último, o *laser* de dióxido de carbono, que produz o raio infravermelho.

O *laser* tem importantes aplicações na oftalmologia, no tratamento do deslocamento de retina e na retinopatia proliferativa (uma doença associada à diabetes). É usado também em dermatologia, no tratamento de lesões pigmentadas, na remoção de tatuagens e de pequenos tumores benignos, como as verrugas.

Um tratamento criado pelo professor Endre Mester, da Semmelweis University, em Budapeste, usa a luz *laser* para aliviar a dor de vítimas de queimaduras e para acelerar a cicatrização das feridas. Segundo seus relatórios, a luz *laser* reduz pela metade o tempo de cicatrização, além de diminuir a extensão das cicatrizes.

O tratamento com luz polarizada foi desenvolvido em Budapeste pela dra. Marta Fenyo, que é biomédica, especialista em *laser* e inventora. Com a ajuda de John Stephenson, ergonomista, físico e inventor, ela acredita que essa luz representa um grande avanço na medicina.

No início, a dra. Fenyo trabalhava com o professor Endre Mester, pesquisando o efeito do *laser* em feridas da perna, escaras e varizes. Estavam conseguindo resultados excelentes, mas não havia dinheiro para a compra do equipamento necessário para tratar os milhares de pessoas com essas queixas. Fenyo orientou então suas pesquisas no sentido de descobrir que componente na luz *laser* é responsável pelo processo de cura. Descobriu que é a luz polarizada, e lançou mão de todos os recursos para provar sua teoria.

Nesse ínterim, John Stephenson tinha sido convidado pelo Ministério da Defesa do Reino Unido para melhorar o ambiente de trabalho dos funcionários. Examinando a pesquisa feita pelo dr. Fritz Hollwich sobre a reação biológica das pessoas à luz fluorescente e ao espectro total da luz e a pesquisa do professor Blackwell sobre luz artificial polarizada, ele concluiu que os maiores benefícios são trazidos pela luz que é ao mesmo tempo polarizada e composta de todo o espectro. Num congresso da área de saúde, Stephenson recebeu um folheto falando do trabalho de Fenyo, e tempos depois eles se conheceram.

Trabalhando em conjunto, os dois descobriram que a luz polarizada estimula o sistema imunológico e tem um ótimo efeito de cura sobre as úlceras varicosas. Em experiências feitas em ratos com câncer, Fenyo descobriu que o tratamento com luz polarizada aumenta a expectativa de vida e em alguns casos permite que vivam seu tempo máximo de vida. Em outra série de experiências, ela tirava um pouco de sangue de cachorros que estavam morrendo de câncer, tratava esse sangue com luz polarizada e depois o reinjetava. Resultado: os tumores diminuíam muito.

Com base no trabalho de Fenyo, John Stephenson fundou na Inglaterra uma clínica chefiada pelo dr. Nicol Clark, especializada no tratamento com luz polarizada.

Terapia fotodinâmica

A terapia fotodinâmica, que usa a luz vermelha, foi criada nos anos 70 pelo dr. Thomas Dougherty, um químico de Nova York (ver seus artigos "Photoradiation Therapy — New approaches", Seminars in Surgical Oncology 6-16, e "Photosensitisation of Malignant Tumours", in S. Ecomon, Lea & Febinger, 1980). Ele descobriu que, injetadas na corrente sangüínea, as porfirinas, compostos orgânicos sensíveis à luz que formam a base dos pigmentos respiratórios — a hemoglobina e a mioglobina, por exemplo, — eram eliminadas de todas as células, menos das malignas. Expondo o paciente à luz ultravioleta, os tumores "se iluminavam". Dougherty descobriu então que era possível matar esses tumores iluminando-os com luz vermelha.

Desde então, esse tratamento já avançou muito, sendo agora administrado com raios *laser* e fibras ópticas. À frente dessa pesquisa estão os japoneses e norte-americanos. Na Inglaterra, a pesquisa é feita pelo professor Stanley Brown, do Centro de Fotobiologia e Fotodinâmica da Leeds University, onde recentemente foi desenvolvida uma modalidade "intersticial" do tratamento, que age sobre tumores grandes e profundos e consiste na inserção de duas ou três fibras ópticas, através das quais a luz vermelha é irradiada no tumor. Esse tratamento ainda não está disponível para o público. O professor Stanley Brown trabalha também com a luz vermelha no local de onde o tumor maligno foi cirurgicamente removido, para eliminar células cancerosas remanescentes.

Para resumir este capítulo, pudemos ver como a luz e a cor têm sido usadas na medicina convencional e complementar ao longo do tempo. Toda vez que caíram em desuso, foram redescobertas, e seus benefícios ficaram ainda mais conhecidos. Como se tem cada vez mais consciência dos efeitos colaterais das drogas químicas e dos efeitos que a cirurgia invasiva tem sobre a anatomia física e sutil, há uma procura cada vez maior por métodos mais seguros e eficazes de enfrentar a doença.

Muitos videntes antigos previram que na passagem para o novo milênio a freqüência vibracional da terra e de todas as coisas que nela vivem passaria a um novo nível de consciência. Se isso for verdade, e acredito que seja, será que vai haver necessidade de uma forma mais refinada de cura? Neste caso, a medicina convencional, como a conhecemos, será por demais grosseira. Se somos seres de luz, como parece que foi comprovado pela fotografia da aura, se estamos cada vez mais próximos de nossa verdadeira origem espiritual, então tratar a doença com a luz e as cores que a constituem parece muito correto. Com as últimas pesquisas sobre a luz realizadas por pessoas como Samoilova, Brown e Fenyo, acredito que a luz vai se transformar na grande panacéia da medicina convencional e complementar. Rudolf Steiner disse que a luz e a cor teriam um papel muito importante no século XXI, e Liberman disse que a luz seria a medicina do futuro. Acredito nisso, depois de constatar o poder de cura da luz e da cor. Mas, como digo aos meus alunos, não acreditem no que eu digo: comprovem por si mesmos e fiquem abertos à luz que está presente dentro e fora de vocês.

CAPÍTULO 3

A Cor

A COMBINAÇÃO DE CORES

Luz ou pigmentos dão origem às cores, cuja combinação produz tons e matizes variados. A mistura de tinturas ou pigmentos e a sobreposição de filtros coloridos transparentes são "processos de subtração" porque a cor obtida é o resultado da subtração simultânea ou sucessiva de algumas das cores da luz que passa através do pigmento ou da combinação de filtros. Misturar a luz é um "processo de adição" porque a cor obtida é o resultado da combinação ou adição de cores.

A mistura de cores da luz produz um resultado diferente da mistura de cores produzidas por pigmentos. Por meio de experiências, Isaac Newton demonstrou que a mistura de todas as cores do espectro produz a luz branca, mas experimentos posteriores demonstraram que para isso bastam três cores primárias "aditivas": vermelho, verde e azul (azul-violeta). Essas três cores primárias da luz produzem todas as cores possíveis. A mistura de luz vermelha e verde produz a amarela; a verde e a azul formam a luz turquesa ou cian; a combinação de luz azul-violeta e vermelha produz a luz magenta. Ao trabalhar com as cores "subtrativas" dos pigmentos, não é possível produzir o branco pela combinação de cores, mas a mistura dos tons exatos de cian, amarelo e magenta produz o preto (ver página 47). Mas, se os tons não forem exatos, o resultado da mistura será um marrom sujo.

O número de cores usadas pelos cromoterapeutas varia muito. Eu trabalho com as doze cores terciárias, além de cor-de-rosa, ame-

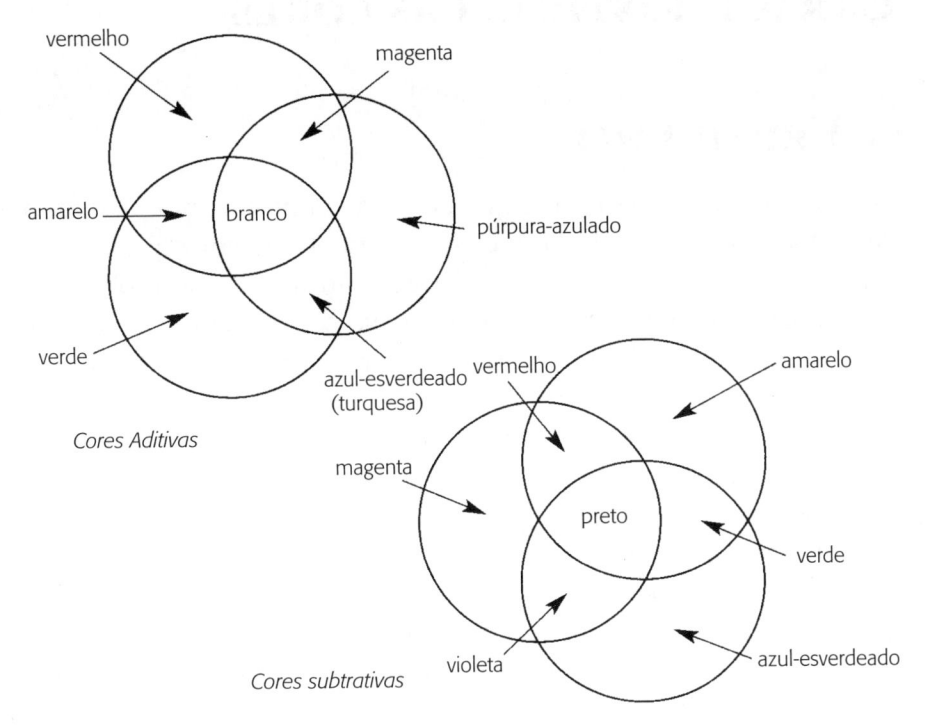

Mistura de cores

tista, prata e pérola. As cores terciárias são produzidas por várias combinações: as três cores primárias produzem as secundárias, laranja, verde e violeta; cada uma das cores secundárias é então misturada com suas cores primárias para produzir as cores terciárias: vermelho-alaranjado, dourado (laranja-amarelo), verde-limão, turquesa, índigo e magenta (ver ilustração). A adição de branco a qualquer uma dessas cores produz um matiz mais claro, e a adição de preto, um matiz mais escuro.

Pares complementares das cores de pigmentos são os que, quando misturados na mesma proporção, produzem o cinza. Uma mistura semelhante de cores da luz produziria o branco. Cada cor fica diagonalmente oposta à sua cor complementar na roda das cores terciárias. Por exemplo: a cor complementar do vermelho é o verde.

Para observar esse fenômeno, olhe fixamente para uma cor até que um halo de luz comece a aparecer em torno de sua circunferência. Transfira então o olhar para uma superfície branca e você vai ver a cor complementar.

Características das cores

⊛ Vermelho

O vermelho tem o maior comprimento de onda e a energia mais baixa de toda a luz visível. Para focalizar um objeto vermelho, o cristalino do olho precisa se ajustar, dando a ilusão de que o objeto está mais próximo do que realmente está. No espectro eletromagnético, o vermelho fica ao lado do infravermelho, sendo por isso associado ao calor. Na Inglaterra da era vitoriana, quando só as cozinhas eram aquecidas, as roupas de dormir eram vermelhas para ajudar a manter a temperatura do corpo. Hoje em dia, no inverno dos países frios, o vermelho ainda é muito usado em meias e luvas.

O vermelho é uma cor "berrante", o que tende a fazer dela a "supercor" do espectro. Suas qualidades agressivas a associam à guerra, ao combate e às energias masculinas. A expressão "estender o tapete vermelho" vem do tempo em que se estendia um tapete vermelho em sinal de respeito para a realeza e pessoas ilustres. Com qualidades excitantes e estimulantes, essa cor é usada em restaurantes para estimular o apetite e a conversa. O vermelho tem também o poder de comprimir: usado na decoração de uma sala, faz com que ela pareça menor do que é. Esse poder faz do vermelho uma cor imprópria para os asmáticos.

Os nomes dos vários tons do vermelho vêm da fonte da cor. Carmesim e carmim vêm do latim *kermesius*, nome da tintura extraída de um inseto. Vermelho vem de *cinabre*, nome de um sulfureto natural de mercúrio. Rubi, considerado uma tintura exclusiva e cara, vem da raiz da planta *Rubia Tinctoria*.

Fisicamente, o vermelho é a cor do coração, do sangue e da carne, sendo assim associado à vida e ao amor. Os antigos pensavam que o sangue guardava o segredo da vida e por isso atribuíam poderes especiais ao vermelho. Certas tribos de nativos norte-americanos pintavam o corpo com ocre avermelhado, símbolo de seu retorno inevitável à terra. O vermelho é também a cor associada à sexualidade e ao despertar da energia sexual.

A exposição à luz vermelha acelera o ritmo cardíaco e aumenta a circulação sangüínea, criando uma sensação de calor. Além disso, favorece a liberação de adrenalina. Ronald Hunt, no livro *The Seven Keys to Colour Healing* (C. W. Daniel, 1971), afirma que o vermelho divide os cristais do sal de ferro em ferro e sal. Os glóbulos vermelhos absorvem o ferro, e o sal é eliminado pelos rins e pela pele. Por isso, o vermelho serve para tratar anemias e deficiências de ferro. Como aumenta a circulação sangüínea, serve também para tratar infecções bacterianas e virais. Irradiando uma ferida infeccionada com luz vermelha, aumentamos o suprimento de sangue no local, e, assim, os glóbulos brancos atacam mais rapidamente as bactérias. Como já foi mencionado, o médico norte-americano Thomas Dougherty usou a luz vermelha no tratamento do câncer, trabalho que está sendo pesquisado na Inglaterra pelo professor Stanley Brown.

O vermelho tem o poder de ativar as glândulas supra-renais e aumentar a circulação sangüínea. Por isso, não é uma boa cor para quem sofre de hipertensão, doenças do coração, asma ou epilepsia.

No nível emocional, o vermelho é a cor de mais impacto. Provoca agressividade, belicosidade e raiva. Quando alguém fica "vermelho de raiva", um vermelho embaçado aparece na aura. O vermelho é também associado ao amor. É costume dar rosas vermelhas à pessoa amada.

Os aspectos emocionais negativos dessa cor costumam ser associados aos aspectos adversos do amor, como a luxúria. Em inglês, a expressão *scarlet woman* (mulher escarlate) é usada com significado de prostituta, e *red light district* (bairro da luz vermelha), para indicar a zona de prostituição.

Adicionado ao vermelho, o branco o transforma em cor-de-rosa, uma cor mais suave e delicada, associada às energias femininas e ao amor incondicional. É a cor da boa saúde e do bem-estar, como sugere a expressão "está tudo cor-de-rosa". No nível emocional, o cor-de-rosa é usado no chakra do coração para tratar os que estão com o "coração partido" ou sofrendo de melancolia, pois tem o poder de encher esse chakra da energia vibracional necessária para a superação do trauma.

✲ LARANJA

O laranja, uma cor secundária, é a mistura de vermelho e amarelo em partes iguais. Esse nome, que existe desde o século X ou XI, vem da palavra árabe *nananj*, que significa "fruta". É uma cor da terra, encontrada na crosta terrestre em forma de compostos de ferro. É a cor do outono, quando as folhas adquirem várias tonalidades de laranja.

Foi só no século XIX que surgiram corantes laranja em tons vibrantes. Eram feitos com raízes de garança, uma planta com pequenas flores amarelas e vermelhas. Os tons profundos e exuberantes dos tecidos de hoje em dia são produzidos com tinturas sintéticas.

O laranja aparece ao lado do vermelho no espectro da cor. É uma cor quente, mas sem o calor vibrante do vermelho. É comum nos temperos usados nos países orientais, o que comprova sua natureza quente e estimulante.

Como o vermelho, essa cor é associada à sexualidade e à fertilidade, como sugere o antigo costume de enfeitar as noivas com flores de laranjeira. Essa ligação com a sexualidade talvez se deva ao fato de o laranja ser a cor que irradia do chakra do sacro, relacionado aos órgãos reprodutores femininos e à energia feminina. No passado, as sementes laranja da romã eram consideradas afrodisíacas.

Laranja é a cor da alegria e tem o poder de estimular a liberdade e o movimento em todos os níveis do nosso ser. Sua vitalidade produz uma mudança na estrutura bioquímica que alivia a depressão. Essa cor alivia o reumatismo, pois favorece o rompimento dos depósitos acumulados nas estruturas ósseas; age como tônico geral; tem efeito antiespasmódico, sendo favorável em casos de cãibras e espasmos; quando aplicada no baço, dá vitalidade. Além disso, de natureza quente e revigorante, é um estimulante emocional.

✪ VERMELHO-ALARANJADO

Vermelho-alaranjado é a combinação de quantidades iguais de vermelho e laranja, possuindo as qualidades dessas duas cores. Como é menos agressiva, prefiro usá-la nos tratamentos em que o vermelho é indicado. A combinação de energias masculinas e femininas cria nela uma totalidade e uma harmonia que são transmitidas ao paciente.

⊛ AMARELO

A palavra inglesa para amarelo, *yellow*, é derivada da palavra indo-européia *ghelwo*, relacionada a *ouro*. É a cor que mais se aproxima da luz do sol, irradiando calor e inspiração.

No espectro, o amarelo puro ocupa uma faixa estreita em comparação com as outras cores primárias. Em geral, o amarelo que vemos vem da mistura de luz vermelha e luz verde. Tem uma alta reflexibilidade e é a cor da primavera, porque muitas flores a irradiam. Nos alimentos, especialmente nas frutas, o amarelo indica a presença de ferro e das vitaminas A e C — e é a cor que predomina nas ervas purgativas ou estimulantes do sistema nervoso, como o sene.

Desde a Idade Média, o amarelo é associado à doença. Essa relação pode ter tido sua origem no tom amarelado da pele e do branco dos olhos provocado pela icterícia. Nos navios, a bandeira amarela indica quarentena.

O amarelo é um estimulante do sistema nervoso. Quando aplicado ao chakra da fronte, à cabeça e à coluna, elimina do sistema nervoso as energias estagnadas. Com correntes magnéticas positivas, ao mesmo tempo estimulantes e inspiradoras, é uma boa cor para tratar problemas da pele, reumatismo e artrite. Além disso, ajuda o organismo a metabolizar o cálcio, tendo um efeito benéfico em casos de osteoporose ou de qualquer deficiência de cálcio.

O amarelo do espectro estimula o intelecto e a inspiração mental, sendo uma boa cor para usar, em pequenas quantidades, em locais de estudo. Por outro lado, passar muito tempo num ambiente com excesso de amarelo pode causar um estado de distanciamento emocional e mental.

Os atributos negativos da cor giram em torno da covardia. Essa ligação pode ter surgido na Espanha no século XVI, quando as pessoas condenadas à fogueira por heresia ou traição eram obrigadas a usar roupas amarelas.

⊛ DOURADO

O dourado simboliza o espírito universal em sua pureza perfeita. O ouro é um metal extraído nos Estados Unidos, na África do Sul e no

Canadá. Segundo Rudolf Steiner, o ouro faz parte do éter do sol — e os incas se referiam a ele como "o sangue do sol".

O ouro é muito usado na medicina antroposófica. Melhora a circulação, aumenta o calor do corpo e, dizem, é um bom ungüento para lúpus e câncer de pele. Na homeopatia, é usado para depressão e tendências suicidas. Na medicina ocidental, o ouro é usado há muito tempo para tratar artrite, reumatismo, tuberculose e problemas da coluna.

O dourado é a mistura do laranja e do amarelo, contendo algumas propriedades dessas duas cores. É uma cor quente e brilhante, com alta reflexibilidade. Tem conotações religiosas, sendo associada à divindade, aos mártires e à majestade de Cristo.

Como o amarelo, o dourado aplicado no baço dá vitalidade ao organismo humano e tem efeito benéfico sobre a estrutura óssea, ajudando a romper os depósitos causados pelo reumatismo e pela artrite. Aplicado na coluna, dá vitalidade ao sistema nervoso.

✲ VERDE

Localizado no centro do espectro, o verde é a cor associada ao equilíbrio de todos os nossos aspectos. Na natureza, é a cor da vida, das folhas da primavera. Mas é também a cor da decadência: do bolor e das plantas em decomposição. O verde é uma cor repousante para os olhos porque é focalizada exatamente na retina. Os efeitos benéficos do verde sobre os olhos são conhecidos desde o antigo Egito, quando a malaquita verde era usada como delineador e protetor. Devido às qualidades calmantes dessa cor, há trezentos anos os teatros tradicionais têm nos bastidores uma sala verde, reservada para os atores, que lá podem esperar ou receber amigos. Quem trabalha com computador durante muitas horas poderia aproveitar esses benefícios passando a hora do almoço ao ar livre, entre os tons de verde oferecidos pela natureza.

Verde é a cor do planeta Vênus, sendo por isso associada ao amor. Na Europa, era usada nas roupas de casamento, como símbolo da fertilidade.

É uma cor despretensiosa e, ao contrário do vermelho-alaranjado, tende a ficar como pano de fundo, sem exigir atenção imediata. É o que podemos constatar andando na floresta ou no campo.

Os tons de verde dos vegetais e das ervas são produzidos por muitos tipos de clorofila. Algumas folhas verdes são tingidas de amarelo devido à presença de pigmentos carotenóides amarelos. Dizem que tem "dedos verdes" quem consegue cultivar plantas e verduras com sucesso.

Como cor geral da natureza, o verde alimenta, refresca o sangue e anima os nervos. Como cor do equilíbrio, traz estabilidade à mente e às emoções e serve para tratar algumas doenças do coração.

As qualidades negativas associadas ao verde têm relação com náusea, veneno, inveja e ciúme. Usamos a expressão "verde de inveja" e, quando uma pessoa não se sente bem, dizemos que está "esverdeada". Quando está doente, o corpo produz verdes desagradáveis na forma de urina, pus e catarro.

✪ VERDE-LIMÃO

O verde-limão é formado pela mistura de amarelo e verde. Na cura, essa cor é usada para eliminar a toxicidade causada por dietas inadequadas e substâncias químicas e para aliviar a inflamação. Por isso, é uma cor excelente para usar no fígado, nos rins e no cólon. Aplicada sobre o chakra da garganta, limpa o corpo etérico e a corrente sangüínea. Aplicada no chakra da fronte, limpa a cavidade sinusal do catarro acumulado por causa da alergia às toxinas dos alimentos.

✪ TURQUESA

Turquesa é a primeira cor que aparece na banda fria do espectro. Constitui-se de azul e verde. Dependendo da proporção entre essas duas cores, pode resultar um turquesa azulado ou esverdeado.

Turquesa é a cor nacional da Pérsia e uma das mais antigas e mais belas pedras preciosas, que os persas chamavam de *piruesh*, que significa "alegria". Os persas antigos acreditavam que a cor dessa pedra afasta o "mau-olhado", protegendo os animais e as pessoas.

Como cor terapêutica, as propriedades refrescantes do turquesa aliviam as inflamações e ativam o sistema imunológico. Quando o sistema imunológico está enfraquecido pelo *stress* ou pelo cigarro, é aconselhável tomar um grama de vitamina C, além de administrar a cor turquesa. O cigarro e o *stress* esgotam essa vitamina, necessária para fortalecer o sistema imunológico.

❂ AZUL

O azul fica na extremidade fria do espectro. Dizemos que ficamos "azuis de frio". Na natureza, é a cor da vasta extensão do céu. O céu é azul porque a luz do sol incide sobre partículas atmosféricas do mesmo comprimento de onda do azul, fazendo com que ele seja refletido em todas as direções.

Em muitas religiões, o azul é associado aos deuses. No panteão grego e romano, ele representava Zeus e Júpiter. Na religião cristã, é a cor do manto usado pela Virgem Maria, sugerindo que ela é a Rainha do Céu.

Um dos atributos negativos dessa cor é a profanidade: em inglês, as expressões *blue film* e *blue language* significam filme e linguagem profana, uma provável evolução da expressão *blue gown* (vestido azul), nome dado às prostitutas na Inglaterra, indicando a roupa que eram obrigadas a usar nas "casas de correção".

No nível físico, o azul é associado à tristeza e à depressão. Em inglês, *to feel blue* quer dizer estar triste. Por isso, é uma cor desfavorável para quem sofre desses males.

No entanto, o azul dá sensação de paz e relaxamento, sendo uma boa cor para o quarto, para uma sala de meditação ou de descanso. Devido às suas qualidades frias, não é aconselhável usar muito azul em aposentos pouco ensolarados e potencialmente escuros, mas é uma boa cor para lugares que se beneficiam da luz do sol durante o dia inteiro.

Ao contrário do vermelho, o azul expande, fazendo que lugares pequenos pareçam maiores. Por isso, é uma cor benéfica para asmáticos. A pressão alta, o *stress*, a insônia e a tensão também podem ser tratados com essa cor. Para tratar medo e tensão, o azul deve ser aplicado no plexo solar. Para tratar insônia, nos chakras da fronte, do plexo solar e da garganta.

⊛ ÍNDIGO

Há uma descrição maravilhosa para o índigo: "a abóbada celeste numa noite sem lua". Essa cor rica e profunda é obtida com a combinação de azul e violeta em partes iguais. Quando não havia tinturas sintéticas, essa cor era obtida de uma planta chamada índigo ou anileira. Como os métodos usados para produzir a tintura natural eram caros e demorados, até os anos 40 era difícil obtê-la. Foi a revolução do *jeans*, nos anos 50, que trouxe de volta a popularidade do índigo. Antes disso, era usado por milhares de chineses, camponeses e operários, em parte porque esconde a sujeira mais do que as outras cores.

Na terapia, é a cor da dignidade e das altas aspirações. Como predomina no chakra da fronte, o índigo é uma boa cor para trabalhar a intuição e a capacidade de guardar os sonhos. Parece ter um efeito poderoso sobre males mentais. Fisicamente, age como analgésico. Psicologicamente, consegue limpar as correntes psíquicas do corpo.

O índigo tem o poder de criar um espaço infinito em que podemos pensar, sentir ou apenas ser. Como em certas pessoas isso gera uma sensação de solidão e isolamento, é aconselhável ter cuidado ao trabalhar com essa cor. Como faz parte do raio azul, pode favorecer a depressão ou intensificá-la.

⊛ VIOLETA

A cor violeta tem o menor comprimento de onda e a mais alta energia de todas as cores do espectro e ocorre numa faixa muito estreita, ao lado da luz ultravioleta.

No reino mineral, o violeta é encontrado na ametista. Em grego antigo, a palavra *améthystos* significava "não-bêbado": a pedra era uma proteção contra os excessos do vinho. Dizem até que a ametista dos antigos anéis eclesiásticos era uma proteção contra possíveis bebedeiras nos banquetes da Igreja. Associada à espiritualidade, essa cor aparece na aura de quem está seguindo um caminho espiritual.

No reino vegetal, o violeta aparece na flor do mesmo nome, cujo óleo ainda é usado como perfume e para dar sabor a bebidas e doces. Na era medieval, esse óleo era usado contra a insônia, e o óxido de manganês era o pigmento usado para fazer vidros tingidos de violeta. Como tintura para tecidos, era de produção muito cara, o que significa que era reservada à realeza e aos muito ricos. Seus atributos de respeito próprio e dignidade podem ter vindo dessa associação com a realeza.

O violeta é uma combinação das energias masculinas do vermelho e das energias femininas do azul, o que lhe dá o poder de equilibrar essas duas energias numa só pessoa. Em *The Luscher Colour Test* (tradução e edição de Ian Scott, Pan Book, 1971), Max Luscher afirma que os homossexuais e as lésbicas têm preferência por essa cor, talvez pela necessidade de integrar energias femininas e masculinas. Luscher acredita também que pessoas inseguras e emocionalmente imaturas são atraídas pelo violeta.

A qualidade de cura atribuída ao violeta é a força física e espiritual, pois é uma cor que tem o poder de favorecer o amor por si mesmo e a dignidade, levando assim ao amor incondicional.

◉ MAGENTA

O magenta é a combinação de vermelho e violeta, as cores que ficam em extremidades opostas do espectro. Observando o espectro em forma tridimensional, vemos que ele forma um círculo, e onde o vermelho e o violeta se misturam aparece o magenta. Associada à mudança pessoal, essa cor nos ajuda a subir na espiral do processo evolutivo da vida.

Nos anos 30, o magenta foi chamado de "rosa-choque", um nome que sugere uma cor brilhante, excitante e divertida. Para outros, é uma cor sensual e voluptuosa, talvez por seu conteúdo vermelho.

A tintura magenta foi produzida pela primeira vez pelos franceses, que a chamavam de *fuchsine*, um nome que vem da fúcsia, ou brinco-de-princesa. Algum tempo depois, os italianos a chamaram de magenta, o nome de uma aldeia onde houve uma batalha especialmente sangrenta.

No nível físico, o magenta é a cor usada para o tratamento do câncer. O vermelho e o violeta ficam próximos dos raios infravermelho e ultravioleta, dando ao magenta o poder de tratar essa doença.

Psicologicamente, o magenta nos ajuda a abandonar os velhos padrões emocionais e mentais que atrapalham o crescimento espiritual. Livre deles, podemos fluir com a maré da vida.

○ PRATA

O metal prata é encontrado nos Estados Unidos, no Canadá e no México. Seu nome vem de um termo anglo-saxão de origem incerta. Está relacionado à lua, e sua aparência brilhante age como um espelho, refletindo a nossa personalidade e o estágio do nosso ser.

Há muito tempo a prata é usada na medicina ocidental para tratar queimaduras, como colírio, em próteses que substituem ossos e articulações e no tratamento de inflamações nos ouvidos, garganta e vagina. Os sais de prata são usados em verrugas.

A prata é um remédio importante na medicina antroposófica, que a associa aos órgãos reprodutores femininos, sendo por isso administrada para aliviar as dores do parto. Além disso, beneficia o cérebro e o sistema circulatório e age como desinfetante. Na homeopatia, a prata é usada para tratar dor de cabeça, dor nevrálgica nas articulações, congestão nos brônquios e problemas na coluna.

A cor prata é a combinação de branco e preto. É um raio que queima e purifica, além de ter qualidades cortantes. Pouco usada em terapia, serve para tratar casos de obsessão, quando é dirigida para a base do crânio e para a base da coluna. Depois da aplicação, é vital selar esses dois lugares com a cruz dentro do círculo — a cruz grega — (ver página 132-3). Essa técnica deve ser praticada apenas por pessoas qualificadas.

○ PÉROLA

A pérola, composta de carbonato de cálcio, é produzida por certos moluscos. A palavra "pérola", segundo dizem, pode ser uma tradução da palavra latina *perla*, que significa "pêra pequena", ou senão da palavra *pilula*, que indica uma esfera.

O norte-americano Edgard Cayce, mestre da cura psíquica, disse que a pérola ativa a pureza, fortalece o corpo e estimula a criatividade. É associada à luz e à energia feminina.

Aplicada no plexo solar, a cor pérola trata a ansiedade e as dores abdominais causadas por desequilíbrio e *stress*. Aplicada no chakra da garganta e no baço, ela quebra e dispersa os bloqueios ou desarmonias do corpo etérico.

Para curar desarmonias etéricas, solarize água com pérola (ver página 183) e acrescente mais ou menos meio copo à água do banho. Se usar também uma pérola de verdade, você vai amplificar o efeito.

CAPÍTULO 4

A Aura

Envolvendo cada ser humano há uma interação de cores em constante mutação: a aura. Por meio de técnicas como a fotografia Kirlian, a aura pode agora ser capturada em imagens. Ela tem forma ovóide, com a parte mais larga envolvendo a cabeça e a mais estreita envolvendo os pés. É uma parte viva de nós, em constante expansão e contração, conforme os pensamentos e sentimentos que vão e vêm. O grau de sua expansão depende do crescimento espiritual e da consciência de cada um.

A aura tem seis camadas que se interpenetram e penetram no corpo físico. Cada camada tem a própria freqüência vibracional, que se modifica quando há desarmonia em qualquer uma das camadas. A capacidade de perceber a aura depende da faixa de freqüências com que cada um consegue se sintonizar. Quando esse dom começa a se abrir, a pessoa enxerga apenas as camadas mais próximas do corpo, mas, com prática e desenvolvimento espiritual, essa visão aumenta.

O CORPO ETÉRICO

A primeira camada da aura, mais próxima do corpo físico, é a etérica. Às vezes é chamada de "duplo etérico" porque é a contrapartida sutil, o molde energético, o arquétipo cheio de luz do corpo físico. Seu magnetismo energético atrai matéria física para produzir o corpo físico consistente que conhecemos. A estrutura etérica permeia cada parte do corpo físico e se estende por uns cinco centímetros além dele. É o grande unificador, e, ao estudá-la, devemos pensar em termos de não-separação.

Alice Bailey fala sobre o valor da imaginação criativa e da realidade una que o corpo etérico transmite. Segundo ela, "não há separação possível em nossa vida planetária manifesta — assim como em lugar algum". Ela diz que o conceito de separação, ou isolamento individual, é uma ilusão da mente humana não-iluminada. Todas as formas de vida são intimamente relacionadas entre si pelo corpo etérico planetário (do qual todos os corpos etéricos são partes integrantes). As diferenças só existem nos níveis de consciência. Alice Bailey conclui: "Há apenas uma vida que permeia a massa de formas, e que, em sua soma total, constitui o planeta como o conhecemos". (*Esoteric Healing*, 1980; *The Soul; the Quality of Life*, 1974; *A Treatise on White Magic*, 1951 — publicações de Lucis Press).

O corpo etérico é o veículo da alma, composto de milhões de pequenos canais de energia, chamados *nadis*, através dos quais o *prana* flui. Derivado do sol, o prana é abundante nos dias claros, mas escasso quando o céu está nublado. Embora pareçam fios separados, os nadis são na realidade uma corda entrelaçada conhecida como cordão de prata, cuja tessitura intricada forma a rede etérica que envolve e permeia todas as formas. Eles são intimamente ligados ao sistema nervoso do corpo físico. Nos pontos em que os fios desse cordão energético passam uns sobre os outros, são formados os chakras. O tamanho e a potência de cada chakra depende do número de linhas de energia envolvidas. O cruzamento de sete linhas forma um ponto de acupuntura, de catorze, um chakra menor, e de 21, um chakra maior. Cada um dos chakras maiores está ligado a uma das glândulas endócrinas do corpo físico.

As funções do corpo etérico tornam possível a vida carnal pela assimilação e transmissão de prana. Além disso, é graças a elas que sentimos e registramos o que está "fora" de nós, pelos cinco sentidos. É assim que a alma tem acesso ao mundo tangível. Sem essas funções, estaríamos realmente sozinhos.

Como o corpo etérico é controlado pelo pensamento, para que ele funcione plenamente o pensamento deve ser elevado e puro.

No trabalho de cura, é importante lembrar que o corpo etérico nunca fica doente. Ele se limita a absorver distúrbios internos e externos, que acabam se manifestando como doença física se não receberem tratamento. Os distúrbios internos decorrem de estados mentais e emocionais, e os externos, que fazem que o corpo etérico fique desvitalizado, são a poluição ambiental e a falta de vitalidade de alimentos quimicamente produzidos, geneticamente modificados e cozidos no microondas.

Muitos esotéricos dizem que a congestão etérica se tornou a principal causa dos problemas da humanidade, devido a antigos hábitos de supressão e inibição, que impedem o pleno funcionamento dos chakras e inibem o fluxo de prana. Acredito que atingimos um ponto da história da humanidade em que precisamos olhar para nós mesmos para erradicar velhos padrões de pensamento e traços genéticos com que não temos mais afinidade. Só assim vamos nos libertar da ilusão que chamamos de vida e descobrir o verdadeiro eu divino, realizando nosso potencial como seres humanos.

O corpo etérico se ressente quando a conexão entre a densa forma física e a contrapartida etérica é frouxa demais. Com isso, a pessoa fica desvitalizada, debilitada e suscetível às doenças. E a alma não consegue se integrar totalmente ao seu veículo. Formas brandas desse distúrbio produzem uma tendência a desmaiar, e as formas extremas são as obsessões e possessões. Por outro lado, quando o corpo etérico é integrado ao corpo físico de forma muito rígida, surgem distúrbios do sistema nervoso.

O efeito da cirurgia física sobre o corpo etérico e sobre o sistema nervoso continua sendo um mistério. Dizem que o fluxo de prana pelos nadis entra em curto-circuito ao perder contato com a parte removida do corpo físico. Pode ser que se formem outros canais de força no corpo etérico, permitindo assim novas conexões, mas ainda não se sabe como isso ocorre e que ajustes são feitos.

OS CHAKRAS MAIORES

A palavra "chakra" é derivada do sânscrito e significa "roda" ou "círculo". Os sete chakras maiores são formados no corpo etérico, mas interagem com o resto da aura e com o corpo físico. Cinco desses chakras ficam alinhados com a coluna, e os outros dois ficam entre as sobrancelhas e logo acima do topo da cabeça. Os chakras são centrais de energia que trabalham com o corpo físico para energizá-lo e ativá-lo. Cada chakra irradia uma das cores do espectro e está ligado a uma das glândulas endócrinas. Num nível superior, eles formam uma escada espiritual que leva à iluminação. Em terapia, é muito importante trabalhar com eles, especialmente em pessoas que sofrem de problemas hormonais.

Na filosofia indiana, os chakras maiores são simbolizados por flores de lótus, cada uma com um número de pétalas. Nas pétalas há inscrições em sânscrito, e no centro de cada flor há animais, deuses e deusas, cada um com um simbolismo.

O Chakra da Base

O nome sânscrito desse chakra é *Muladhara*, sendo que *mula* significa raiz, e *adhara*, "base" ou "apoio". Ele fica na base da coluna e é representado por quatro pétalas que irradiam sua cor predominante, o vermelho. É associado ao elemento terra e ao olfato. Influencia o sangue, a coluna, o sistema nervoso, a vagina, as pernas e os ossos. As glândulas endócrinas associadas a ele são os testículos.

Esse chakra é a sede da kundalini, ou serpente de fogo. A coluna dorsal esotérica, da qual a coluna física é uma cópia, abriga um cordão composto de três fios de energia. Esses três fios são conhecidos como *pingala*, *ida* e *sushumna*. *Pingala* é o fio positivo, que canaliza a energia dinâmica do *prana*. É associado ao sistema nervoso simpático, que libera adrenalina para estimular os músculos superficiais. *Ida* é o fio negativo, relacionado ao caminho da consciência e do desenvolvimento psíquico. É ligado ao sistema nervoso parassimpático, que envia impulsos aos órgãos viscerais para estimular o processo interno. O terceiro fio, *sushumna*, é o caminho do puro espírito, fornecendo um canal para a grande força espiritual humana. Esses três caminhos canalizam fogo elétrico, fogo solar e fogo por fricção. O fogo kundalini é a união dos três, uma energia que só pode ser despertada com segurança depois que a pessoa atinge determinado estágio no desenvolvimento espiritual.

O chakra da base tem uma íntima ligação com o corpo físico, fornecendo-lhe vitalidade e força. Está ligado aos instintos de sobrevivência e preservação e é responsável pela integração com a terra. Sua polaridade são a inspiração e a expiração. Transcender esse chakra é trabalhar para se elevar acima dos instintos animais de sobrevivência.

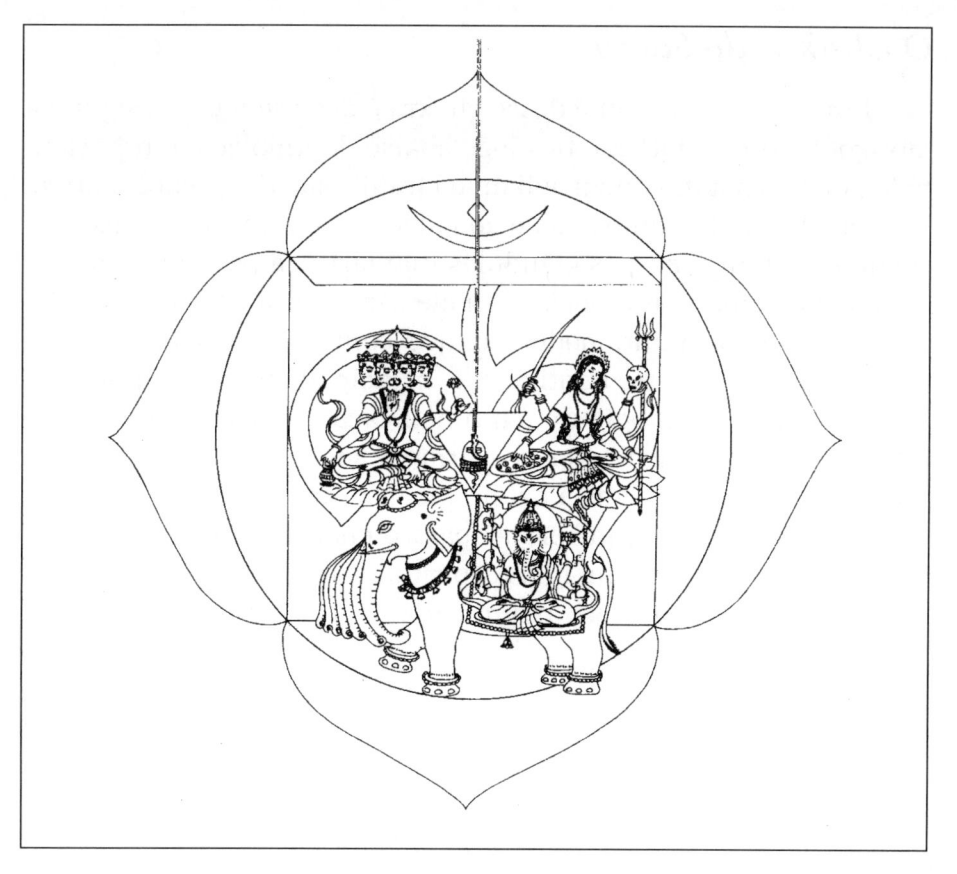

O chakra da base

Quando está equilibrada, a energia desse chakra fornece vitalidade e traz uma sensação de bem-estar ao corpo físico. Com isso, ficamos centrados, sexualmente afetuosos e com domínio sobre nós mesmos. O excesso de energia nesse chakra nos torna dominadores, egoístas e sexualmente agressivos. A falta de energia nos torna inseguros, deprimidos e sem força de vontade para atingir nossos objetivos. Perdemos a firmeza e o interesse na vida sexual.

Sintomas físicos provenientes do mau funcionamento desse chakra: problemas nas pernas e na coluna, distúrbios nos testículos, hemorróidas e não-regeneração das células do sangue.

O Chakra do Sacro

Em sânscrito, o nome desse chakra é *Svadistana*, que significa "abrigo da força vital". Ele fica logo abaixo do umbigo e é representado por seis pétalas que irradiam o laranja, sua cor predominante. Está ligado ao elemento água e ao paladar. Influencia os órgãos reprodutores femininos, as glândulas mamárias, a pele e os rins. As glândulas endócrinas associadas a ele são as supra-renais.

É um centro muito poderoso, que controla nossa vida sexual, sendo portanto ligado à criatividade, principalmente nas mulheres. Esse chakra tem também uma íntima ligação com as energias criativas do chakra da garganta, que irradia sua cor complementar, o azul. Quando a mulher está na menopausa, as energias criativas do chakra do sacro são transferidas para o chakra da garganta, onde são transformadas em energias espirituais. Infelizmente, quem faz terapia de reposição hormonal impede essa transformação.

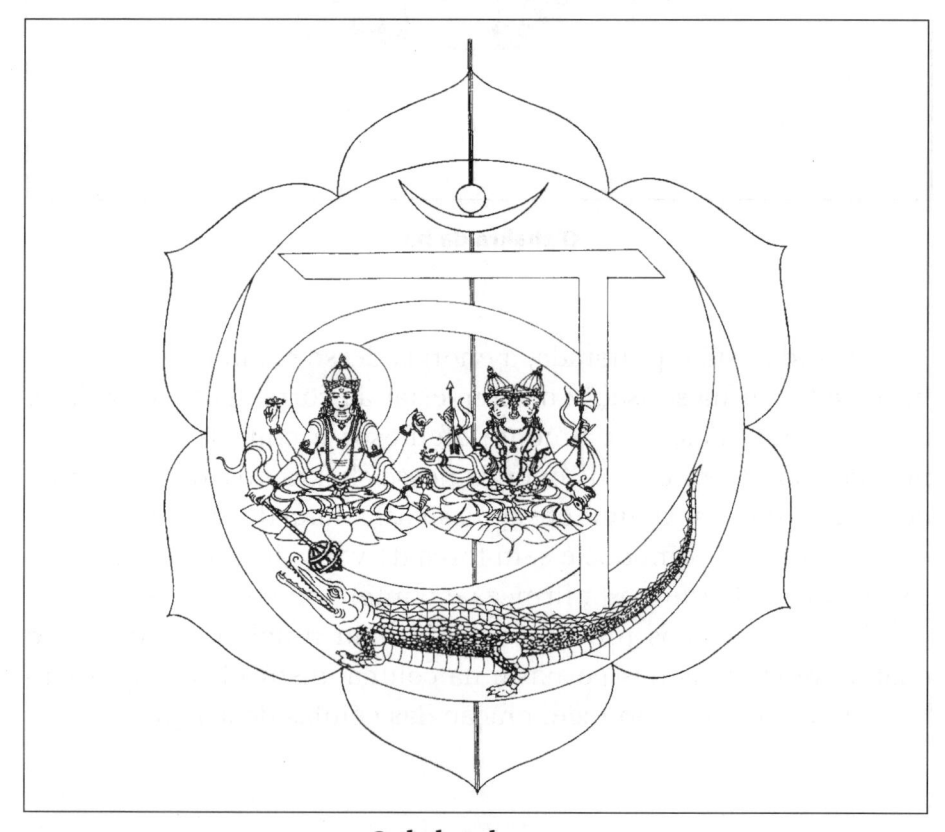

O chakra do sacro

O chakra do sacro é a fonte de vitalidade do corpo etérico. Influencia a sexualidade e governa as relações de amor e ódio. Sua polaridade é de atração e repulsa, sentimentos que governam os desejos. Transcender esse chakra é elevar-se acima das preferências e ver todas as coisas como partes do todo.

Quando esse chakra está equilibrado, temos interesse pelos outros, somos mais amistosos e otimistas. A energia sexual fica equilibrada e sintonizada com os sentimentos. Quando funciona plenamente, esse chakra abre o poder intuitivo e intensifica a sensibilidade. Quando está sobrecarregado, nós nos tornamos emocionalmente explosivos, agressivos, ambiciosos demais, manipuladores, superindulgentes e obcecados por sexo. Por outro lado, quando ele está bloqueado ou com falta de energia, ficamos sensíveis demais, tímidos e temerosos, ressentidos, desconfiados e culpados. Esses estados podem levar à frigidez ou à impotência, e até à dificuldade para conceber.

Sintomas físicos associados ao mau funcionamento desse chakra: distúrbios nos rins e na bexiga, problemas circulatórios, problemas intestinais, respiração irregular acompanhada de falta de energia, distúrbios do sistema nervoso central, enxaqueca e irritabilidade. Ocorrem também disfunções dos órgãos reprodutores, do homem ou da mulher. No homem essas disfunções podem se manifestar como impotência, e na mulher podem resultar em incapacidade para atingir o orgasmo, infertilidade ou problemas menstruais.

O Chakra do Plexo Solar

O nome sânscrito desse centro é *Manipura*, que significa "a jóia do umbigo". Fica logo acima do umbigo e é simbolizado por dez pétalas que irradiam o amarelo, sua cor dominante. É associado ao elemento fogo e ao paladar. Influencia a pele, os órgãos digestivos, o estômago, o duodeno, o pâncreas, a vesícula e o fígado. As glândulas endócrinas associadas a ele são as ilhotas de Langerhans, que fazem parte do pâncreas. Esse chakra é a roda de fogo e é associado ao sol e ao ego. É o centro da digestão, conhecido pelos chineses como "triplo aquecedor" por causa do calor gerado pelo processo de digestão. Sua polaridade é poder e impotência e quem a transcender alcança a paz.

O chakra do plexo solar

Esse chakra é ligado ao corpo emocional ou astral e, além de reagir aos sentimentos, reage a pensamentos de preocupação, ansiedade e medo. É um centro de extrema importância na vida da maioria, pois a humanidade é condicionada pelos desejos e é através desse centro que essas energias fluem. Para os médiuns e sensitivos, é importante protegê-lo: é por meio dele que pensamentos e emoções alheios podem ser assimilados e que pessoas sem força nem vitalidade podem roubar energia, mesmo que inconscientemente.

Quando as energias do chakra do plexo solar estão equilibradas, temos respeito por nós mesmos e pelos outros, ficamos mais expansivos, alegres, relaxados, espontâneos e desinibidos. Quem o tem em equilíbrio gosta de atividade física e de boa comida. O excesso de energia no chakra do plexo solar nos torna críticos demais, maníacos por trabalho, perfeccionistas e incapazes de aceitar a autoridade. A falta de energia leva a um estado de depressão, confusão e insegurança: ficamos sem confiança e preocupados demais com a opinião dos outros. Em certos casos, essa falta de energia provoca medo da solidão e problemas de digestão.

Sintomas físicos associados ao desequilíbrio nesse chakra: rigidez, tensão muscular e nervosa, problemas estomacais e digestivos, problemas na base das costas, diabetes, hipoglicemia, problemas no fígado, falta de vitalidade e febres.

O Chakra do Coração

O nome sânscrito desse chakra é *Anahata*, que significa "o som intocado". Fica perto da quinta vértebra torácica e é simbolizado por doze pétalas que irradiam o verde, sua cor predominante. É identificado com o elemento ar e com o tato. Influencia o coração, os pulmões, os sistemas circulatório e imunológico e as glândulas linfáticas. A glândula endócrina associada a ele é o timo. Esse chakra é ligado ao corpo mental, tendo como polaridade os pensamentos que vêm e vão. Quando conseguimos transcender essa polaridade, transcendemos a mente para entrar em contato com o amor divino.

O chakra do coração

É nesse centro que experimentamos o amor, e é o seu grau de abertura e desenvolvimento que determina a qualidade dessa experiência. Assim, o amor pode ser puramente físico, vivido como luxúria ou desejo sexual, ou pode ser o amor incondicional que abrange todas as coisas. Só é capaz de amor incondicional quem ama todos os aspectos de si mesmo. Com isso, o amor aos poucos se transforma em amor incondicional, dirigido a todos os seres e a todas as situações, sem julgamentos.

Quando está equilibrado, este chakra gera compaixão, desejo de cuidar dos outros e finalmente amor incondicional. Em contato com nossos sentimentos, nós nos sentimos equilibrados, generosos e expansivos. O excesso de energia nos torna exigentes, críticos, possessivos, instáveis, deprimidos e mestres do amor condicional. A falta de energia pode provocar paranóia, indecisão, tendência a se apegar a objetos ou pessoas, medo da rejeição e necessidade de ter a confiança sempre renovada.

Sintomas físicos associados ao mau funcionamento desse chakra: problemas respiratórios, doenças do pulmão, pressão alta e doença cardíaca.

O Chakra da Garganta

Em sânscrito, esse centro é conhecido como *Visshudha*, que significa "purificar". Localizado na primeira vértebra cervical, é simbolizado por uma lótus azul de dezesseis pétalas. Está relacionado ao elemento éter e à audição. No nível físico, influencia a garganta, o ouvido, os ombros, a tireóide e a paratireóide. É ligado também ao trato digestivo pelo esôfago, aos órgãos genitais pela glândula tireóide, aos pulmões e aos brônquios, além de ser intimamente relacionado ao centro da fala.

O chakra da garganta é ligado ao corpo mental superior e é um dos centros mais importantes nos processos de cura. Tratá-lo afeta o corpo etérico inteiro pelo sistema nervoso, da mesma forma que o baço afeta o corpo físico inteiro pelo influxo de força vital. O chakra da garganta está ligado à inteligência criativa e à palavra falada. Registra os propósitos criativos da alma, que lhe são transmitidos pelo fluxo de energia que vem do chakra da fronte. A fusão dessas duas energias leva à atividade criativa. A polaridade desse

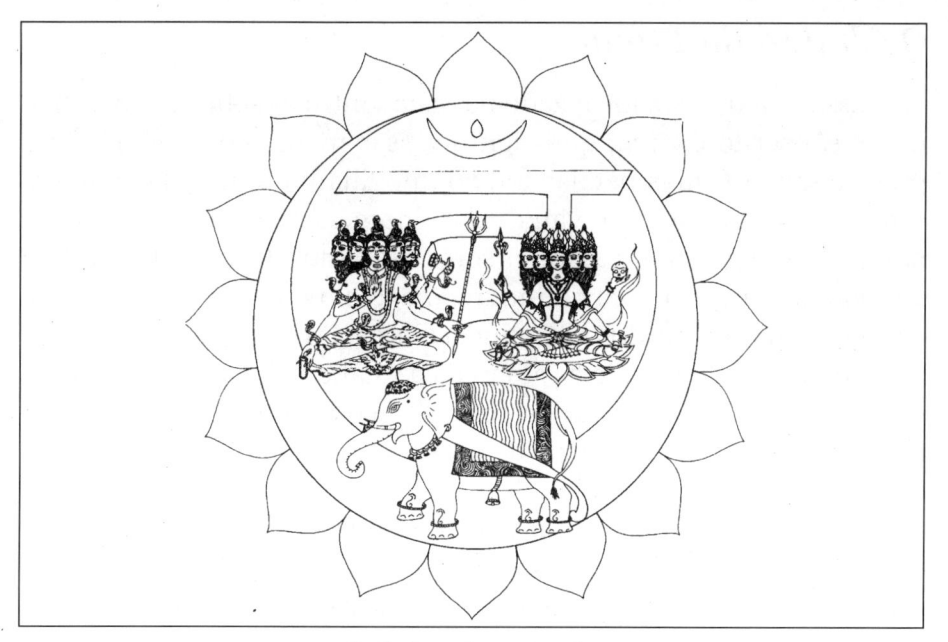

O chakra da garganta

chakra é vida e morte. Transcendê-la é conhecer o eu espiritual e imortal ainda como ser consciente individualizado.

Na parte de trás da garganta, ligada ao chakra, fica a glândula *lalana*. Estimulada por práticas superiores de yoga, ela produz um néctar doce que, segundo dizem, sustenta o yogue por um tempo indefinido sem comida nem água.

O equilíbrio da energia nesse chakra nos deixa satisfeitos, centrados e eloqüentes, favorecendo a inspiração musical ou artística e a capacidade de canalizar a energia divina. Assim, não temos dificuldade para viver no presente e compreendemos com facilidade os ensinamentos espirituais. Quando está superestimulado, esse chakra aumenta em excesso a energia sexual e nos deixa arrogantes, presunçosos, dogmáticos e falantes demais. Quando está pouco estimulado, tendemos a ficar medrosos, tímidos, inconsistentes, pouco confiáveis, desonestos, manipuladores e com medo de sexo.

Sintomas físicos associados ao mau funcionamento do chakra da garganta: exaustão, problemas digestivos e de peso, problemas na tireóide, dor e infecção na garganta, dor no pescoço e dor na nuca.

O Chakra da Fronte

Esse chakra está localizado na testa, entre as sobrancelhas. Seu nome sânscrito é *Ajna*, que significa "saber" ou "comandar". É representado por duas pétalas índigo que falam da dualidade da natureza humana, do yin e yang e das energias masculinas e femininas que são inerentes a todos os seres humanos. Esse chakra reflete também a natureza dual da mente, o ego e o eu espiritual, o raciocínio e a mente intuitiva. Quando ele está aberto e funcionando plenamente, a dualidade é integrada à totalidade e a energia que aí reside é elevada ao chakra da coroa e à consciência de Deus. Este chakra é intimamente ligado ao corpo causal.

No nível físico, o chakra da fronte está relacionado ao cérebro, aos olhos, aos ouvidos, ao nariz e ao sistema nervoso. É associado à glândula pituitária, cujas secreções influenciam todas as outras glândulas endócrinas. Ao tratar esse chakra e o chakra da coroa, entramos em contato com os aspectos mais elevados da alma, devendo por isso empregar nossos aspectos mais elevados nesse serviço.

Quando esse chakra está equilibrado e funcionando bem, não temos apego às posses materiais, não temos medo da morte e não nos preocupamos com fama, fortuna nem com as coisas munda-

O chakra da fronte

nas. Os dons de telepatia e viagem astral se abrem e conseguimos ter acesso a vidas passadas. Atravessamos nosso véu de ilusão e nos reconhecemos como pequenas partes da criação.

Quando esse chakra vibra com excesso de energia, nós ficamos orgulhosos, manipuladores, dogmáticos e egocêntricos. Quando ele está desenergizado, ficamos sensíveis demais aos sentimentos dos outros, com medo do sucesso, indisciplinados e incapazes de distinguir entre o ego e o eu superior.

Sintomas físicos associados ao desequilíbrio desse chakra: dores de cabeça, problemas nos olhos, sinusite, catarro, febres alérgicas, falta de sono, enxaqueca e desequilíbrios hormonais.

O Chakra da Coroa

O nome sânscrito desse centro é *Sahasrara*, que significa "mil vezes". Fica logo acima do topo da cabeça e é simbolizado por uma flor de lótus de mil pétalas que irradia o violeta. No corpo físico, governa o sistema nervoso, o cérebro e a glândula pineal.

Aqui, chegamos ao topo da escada. O eu superior e o eu inferior se uniram, permitindo-nos sentir a graça indescritível da união

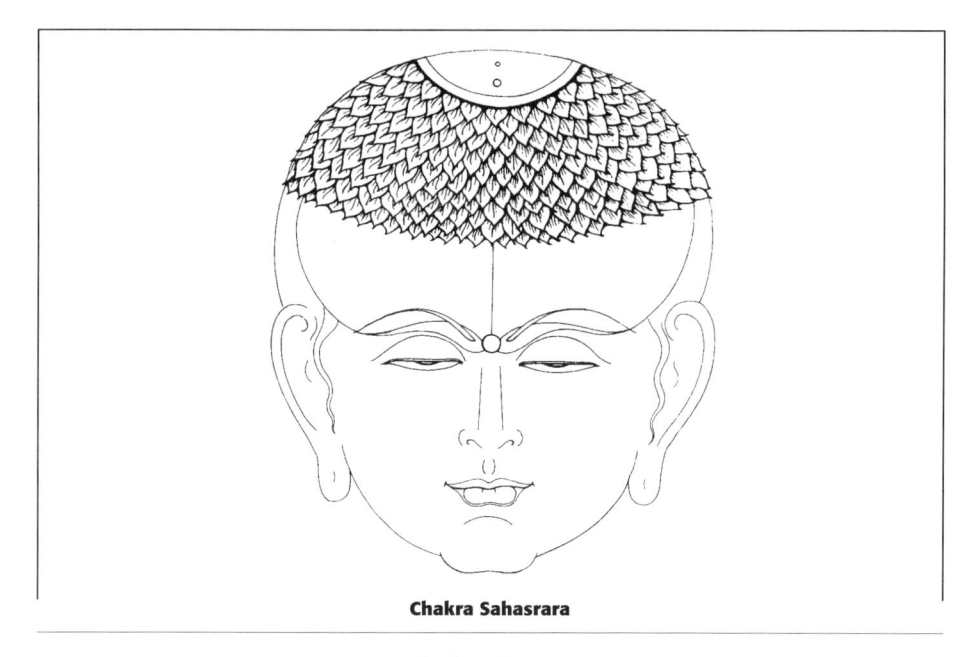

Chakra Sahasrara

O chakra da coroa

com a realidade divina que há em cada um de nós. Quando ocorre essa completa iluminação, o chakra da fronte e o chakra da coroa se unem para formar o halo que aparece nas imagens de santos e seres iluminados.

Quando esse chakra está aberto e funcionando plenamente, nós nos abrimos à energia divina. Essa abertura nos permite transcender as leis da natureza e ter total acesso à mente inconsciente e subconsciente. O excesso de energia nesse chakra pode causar uma sensação constante de frustração e enxaquecas freqüentes. A falta de energia nos deixa indecisos, e sem a centelha vital da alegria.

Sintomas físicos associados ao mau funcionamento desse chakra: doenças do cérebro, enxaquecas, distúrbios do sistema endócrino e problemas psicológicos.

O Chakra Alta Maior

Esse chakra fica na medula oblongata. Irradia a cor magenta e governa as glândulas carotídeas, que são pequenas estruturas marrom-avermelhadas situadas uma em cada lado do pescoço, onde a artéria carótida se divide. Sua principal função é controlar a respiração, ajustando o suprimento de oxigênio para os tecidos do corpo. Os níveis de oxigênio são regulados por um reflexo que ocorre entre a glândula carotídea e o centro respiratório do cérebro.

Triângulos de Luz

Num certo estágio do desenvolvimento espiritual, os três chakras situados na cabeça, suas respectivas glândulas, o olho direito e o olho esquerdo formam três triângulos de luz (ver página 73).

Dois deles são distribuidores de energia, e o outro é um distribuidor de força. Quando estão ligados, esses triângulos produzem um campo magnético radiante que permite ao agente de cura projetar a cor ou força de cura do chakra da fronte (ver página 73).

O chakra alta maior é usado para despertar a energia kundalini. A energia cósmica que desce através desse chakra para o chakra da fronte combina as energias da personalidade e da alma. En-

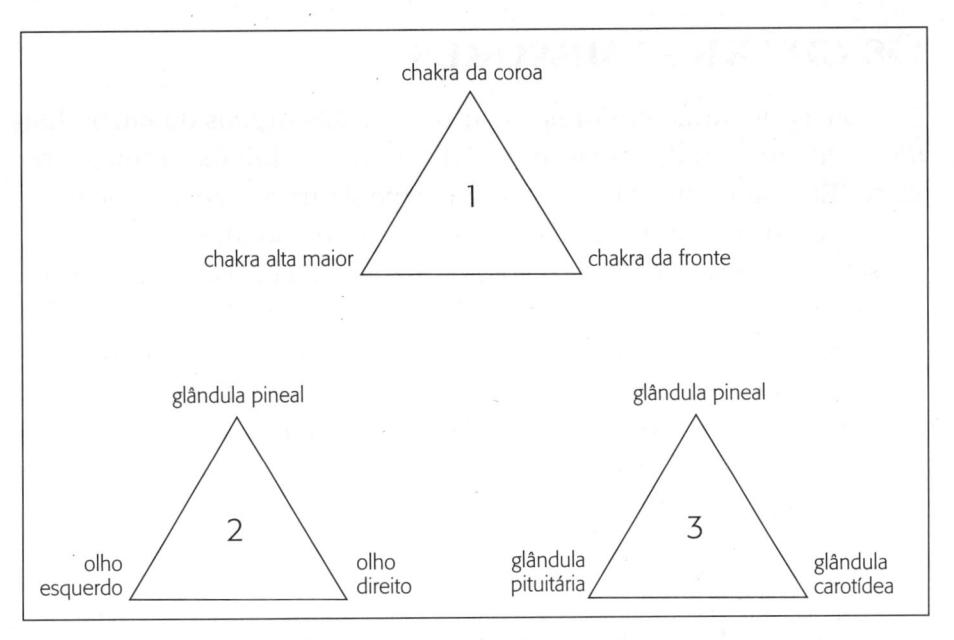

Os três triângulos de luz

tão, por um ato de vontade, essa energia combinada é projetada para baixo, passando pela coluna espinhal e pelo chakra alta maior até chegar ao chakra da base, com cuja energia se combina. Quando isso acontece, ocorre a união dos três fogos e a energia kundalini sobe com muita força para trazer a iluminação.

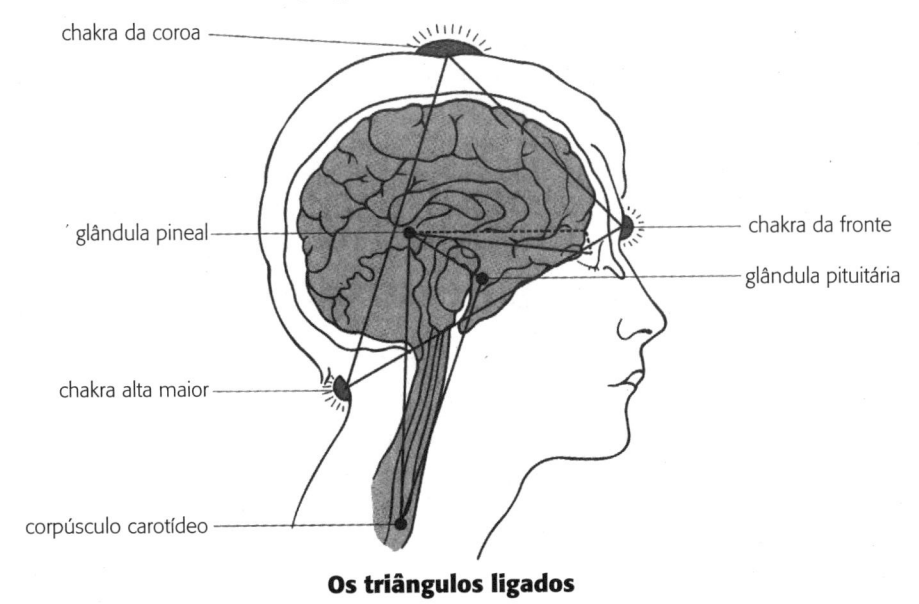

Os triângulos ligados

OS CHAKRAS MENORES

Os 21 chakras menores estão ligados aos órgãos do corpo físico, e cada um irradia um tom sutil da cor do chakra maior mais próximo. Eles são importantes na cura, especialmente se o órgão associado ao chakra maior mais próximo estiver doente. O Quadro 1 mostra onde esses chakras estão situados e a cor associada a cada um deles.

Os dois chakras do baço são muito importantes. É aí que a vitalidade da luz do sol é absorvida e distribuída pelo corpo etérico através dos sete chakras maiores. Quando o corpo físico está fraco e anêmico, esses dois chakras devem ser tratados com a cor laranja ou ouro para aumentar a força física e a vitalidade.

Quadro 1: **Os Chakras Menores**

Posição do chakra menor	Cor associada
Um atrás de cada olho	Um tom de índigo
Um na base de cada ouvido	Um tom de índigo
Um no meio de cada clavícula	Um tom de azul
Um na palma de cada mão	Um tom de azul
Um perto da glândula timo	Turquesa
Um perto de cada mamilo	Um tom de verde
Um perto do fígado	Um tom de amarelo
Um ligado ao estômago	Um tom de amarelo
Um ligado às gônadas (ovários femininos)	Um tom de laranja
(testículos masculinos)	Um tom pálido de vermelho
Um atrás de cada joelho	Um tom de vermelho
Um na sola de cada pé	Um tom de vermelho
Dois ligados ao baço	Laranja/ouro

O CORPO ASTRAL OU EMOCIONAL

Esta camada da aura penetra no corpo físico e etérico, mas, como é um pouco maior, estende-se além deles por mais de trinta centímetros. O corpo astral é um conjunto de forças que se manifestam em forma de sentimentos, desejos, anseios e aspirações. Ele é objeto de muito interesse, pois tem o poder de reproduzir todas as formas que quisermos. É o caso da projeção astral: se nossa intenção emocional é projetar nosso corpo astral para um determinado lugar, uma forma semelhante a ele vai aparecer ali. Esse é o poder do mundo astral.

O corpo astral é capaz de assumir qualquer forma e é um verdadeiro mestre do disfarce. Pode ser comparado à imagem na água. Quando olhamos para um objeto na água, ele parece distorcido por causa da capacidade que a água tem de curvar a luz. Quando a água está tranqüila, a distorção é mínima, mas quando está turbulenta mal dá para distinguir o objeto. Se a turbulência turvar a água, nossa percepção do objeto será ainda mais prejudicada. O mesmo princípio se aplica ao corpo astral. Dependendo da orientação de cada um, o corpo astral reage ao mundo turvo dos sentidos, que leva a mudanças de humor e a desordens emocionais, ou à influência estabilizadora da alma. Mas para isso precisamos aprender a dominá-lo.

O corpo astral tem um aspecto interessante: ele desaparece quando atingimos o estado de perfeição e iluminação. Grandes mestres espirituais, como Buda e Cristo, não tinham emanação astral. Tinham auras puramente espirituais e, livres das limitações da personalidade, conseguiam estendê-las num grande raio.

Uma das principais características do corpo astral são as cores que fluem constantemente através dele, expressando nossos sentimentos e emoções. Todas as cores, conhecidas e desconhecidas, aparecem nas camadas da aura. Nas camadas externas, as cores ficam mais sutis e etéricas. Segue uma lista das cores encontradas com mais freqüência no corpo astral, juntamente com as emoções associadas a elas.

VERMELHO

Clarões vermelhos, geralmente contra um fundo preto, simbolizam raiva.

Uma nuvem escarlate revela irritabilidade.

Um tom carmim opaco e pesado denota amor egoísta.

Escarlate brilhante contra um fundo claro denota "indignação nobre".

O vermelho puro é amor físico.

COR-DE-ROSA

Essa cor indica amor altruísta. Acompanhada do violeta, é relacionada ao amor pela humanidade.

LARANJA

O laranja límpido é alegria e otimismo.
O laranja opaco e turvo denota orgulho ou ambição.

AMARELO

O amarelo brilhante está relacionado à intelectualidade.
O amarelo opaco está ligado ao altruísmo.
O amarelo pálido denota um intelecto devotado a causas espirituais.

DOURADO

O dourado revela um intelecto voltado para a filosofia ou para a sabedoria da geometria sagrada.

VERDE

O verde opaco e turvo indica inveja.
O verde iluminado por lampejos de vermelho profundo ou escarlate revela ciúme.

MARROM-CINZENTO

Essa cor opaca está relacionada ao egoísmo.

MARROM-AVERMELHADO

Essa cor costuma aparecer em barras paralelas que cruzam o corpo astral e está ligada à avareza.

CINZA

O cinza opaco e pesado indica depressão.
O cinza brilhante e pálido está associado ao medo.

PRETO

O preto, quando aparece em nuvens espessas, revela ódio e malícia.

Um conceito interessante a ser considerado é o de "cuidado e alimentação" do corpo astral. Aos poucos, o corpo astral se desgasta e precisa ser reabastecido. Para isso, em vez de comer e digerir alimento, como o corpo físico, ele atrai partículas de reposição do ambiente astral que o cerca. Assim como no caso do corpo físico, a saúde do corpo astral depende da qualidade das "partículas" atraídas. Uma boa dieta astral vem de sentimentos construtivos, aspirações elevadas e amor altruísta.

São três as funções do corpo astral: tornar possível a sensação; servir de ponte entre a mente e o corpo físico; agir como veículo independente da consciência e da ação. Uma das forças mais destrutivas é o medo, mas uma das forças mais potentes é a alegria, que cura e limpa o corpo físico. Em *Reflections* (Lucis Press, 1979), Foster Bailey mostra como a alegria é preciosa, para o agente de cura e para o paciente.

Nesse Livro, ele explica que a alegria é muito mais do que uma sensação agradável: "É uma precipitação de um aspecto da vida da alma humana na vida da personalidade, e uma combinação das duas". A alegria tem energias específicas que podem ser detectadas e desenvolvidas. Ela ajuda a curar e a proteger porque harmoniza e cria um estado positivo. A alegria é uma força que todos aceitam, não gera ressentimento e elimina o ciúme. Além disso, favorece a auto-afirmação e a estabilidade. Segundo Bailey, pensando na alegria e reconhecendo seu valor, abrimos a porta para ela e a desenvolvemos dentro de nós. "A verdadeira alegria é quieta e evidencia paz interior."

O CORPO MENTAL

O corpo mental é maior do que o corpo astral e é composto de matéria mais refinada. Seu desenvolvimento depende da capacidade de pensar de maneira construtiva, ativa — não basta jogar conversa fora e ficar vendo televisão passivamente. É a quantidade de pensamentos que determina seu crescimento, mas é a qualidade deles que determina o tipo de matéria empregada para atingir esse crescimento.

O corpo mental é um objeto de grande beleza. A delicadeza e a rápida movimentação de suas partículas lhe dão um aspecto de luz viva e iridescente. Quanto mais evoluído e mais voltado para conceitos espirituais for o intelecto, mais radiante será a beleza do corpo mental. Cada pensamento cria nele uma vibração seguida de um movimento de cores vivas e delicadas.

O corpo mental gira rapidamente sobre seu eixo, criando uma série de faixas em toda a sua estrutura. Nem sempre essas faixas são bem definidas, e sua largura não é uniforme, mas elas são visíveis para os clarividentes e mantêm uma posição mais ou menos constante. Cada faixa tem uma cor espiritual que vibra conforme uma das 49 tonalidades a ela associadas e é determinada pelo processo de pensamento de cada um.

As aspirações geralmente aparecem em forma de um pequeno círculo violeta no topo do corpo mental. À medida que nossas aspirações espirituais se desenvolvem, o círculo aumenta em tamanho e radiância. No iniciado, é um capelo com brilho violeta. Sob ele aparece um anel azul de pensamentos devotos seguido de uma faixa muito mais larga, associada aos pensamentos afetuosos. Dependendo do tipo de afeição, a cor dessa faixa tem os tons do carmim ou do cor-de-rosa. Junto dessa camada há uma faixa laranja, uma expressão de pensamentos de orgulho e ambição. Intimamente relacionada a ela há uma faixa amarela, que manifesta pensamentos filosóficos e científicos. A localização dessa faixa amarela varia de pessoa para pessoa. Às vezes ela ocupa toda a parte de cima do corpo mental, elevando-se acima da afeição e da devoção. Quando a pessoa é muito orgulhosa, essa faixa fica excessiva.

Cada pensamento que temos cria uma forma, e a faixa que essas formas ocupam fica na parte do meio do corpo mental. Aí, a principal cor é o verde, misturado a tons de amarelo e marrom. Essa é a parte mais ativa do corpo mental, cheia de formas-pensamento em constante mutação. Pela visualização, essas formas podem ser projetadas na atmosfera, chegando até outros lugares e pessoas. Como os iguais se atraem, os pensamentos negativos atraem pensamentos negativos de natureza semelhante, amplificando assim a negatividade. O mesmo ocorre com os pensamentos positivos. Por isso, devemos aprender a ter consciência do que pensamos e a transformar a negatividade em positividade.

O iniciado pode entrar no corpo mental e ali se comunicar com outro ser, pela cor, pelo som e pela forma. É o pensamento completo, transmitido em forma de imagem musical e colorida, e não um mero fragmento, revelado no plano físico pelos símbolos que chamamos de palavras. Essa forma de comunicação é chamada telepatia, e, conscientemente ou não, vivemos envoltos numa interação telepática e sujeitos a ela.

Na cura, o papel do pensamento é muito importante. Na verdade, a cura é um processo dirigido pelo pensamento. Um dos pensamentos-seminais da Maitreya School of Healing é: "O agente de cura vê a vida como um processo fluente e ampara o paciente no movimento de seu processo individual". São as faculdades do corpo mental que possibilitam o processo de cura.

O CORPO MENTAL SUPERIOR

O corpo mental superior fica junto ao corpo mental e se estende além dele. Seu tamanho depende do desenvolvimento da intuição. Para os cromoterapeutas, o desenvolvimento dessa camada da aura é da maior importância. Cada doença é tratada com uma determinada cor, mas às vezes, devido às diferenças individuais, o tratamento tem que ser feito com uma cor que difere da normal. Nesse caso, é preciso ouvir a intuição. A rabdomancia, ou o uso do pêndulo, é outra forma de trabalhar com a intuição (ver páginas 88-9). Mas a confiança é indispensável para a eficiência do trabalho intuitivo. No começo é difícil distinguir a intuição da imaginação, mas com prática e confiança essa faculdade se desenvolve.

As cores que fluem através dessa camada da aura dependem do grau de abertura da intuição e do quanto somos influenciados pelo corpo mental. Nas pessoas evoluídas, predominam tons pálidos de azul e violeta.

O CORPO CAUSAL

Essa camada recebeu esse nome porque abriga a causa de nossa presente encarnação. Quando escolhemos reencarnar, nos são destinadas tarefas e situações que podem favorecer nosso crescimento espiritual. Infelizmente, como somos condicionados desde o nascimento, perdemos de vista esse propósito. Mas, se aprendermos a confiar na intuição, ela nos guiará ao longo do caminho que escolhemos na vida.

Essa camada da aura abriga informações sobre vidas passadas. Em geral não temos acesso a elas, a menos que isso seja necessário para nosso desenvolvimento. Acho que já temos muitos problemas nesta vida, sem ficar revivendo traumas de vidas passadas.

Em quase todos nós, essa camada e a camada seguinte da aura ainda não estão totalmente desenvolvidas. Por isso, as poucas pessoas que conseguem ver essas camadas da aura têm dificuldade para discernir suas cores.

O CORPO INCORPÓREO

Esse corpo representa o verdadeiro eu, nossa divindade sem começo nem fim. É a essência que conhece todas as coisas e que escolheu encarnar num corpo físico para experimentar certas condições que só existem no plano da terra. A mais importante dessas condições é o livre-arbítrio, a liberdade de escolher nosso caminho na vida. O trabalho com as outras camadas da aura nos leva à glória e à divindade desta última — uma prática que leva várias vidas para se cumprir.

CAPÍTULO 5

O Uso da Cor na Terapia

O estudo da aura nos ensina que somos seres de luz, cercados e permeados pelas cores que a constituem. Assim sendo, precisamos de luz natural do dia na dieta diária. A luz do sol contém prana, alimento do corpo etérico, que por sua vez é responsável pela revitalização do corpo físico. O prana abrange as cores do espectro, usadas pelos chakras para alimentar as glândulas endócrinas e para revitalizar e harmonizar as outras camadas da anatomia sutil.

A luz é mais bem absorvida pelos olhos, e o prana, pela respiração. Para isso, basta passar trinta minutos por dia ao ar livre, sem óculos nem lentes de contato. Como o vidro ou o plástico de lentes de contato e óculos impedem a passagem da luz ultravioleta, você deve evitá-los ao ar livre. Para absorver o máximo de prana, fique consciente da respiração sempre que estiver ao ar livre. Procure usar a plena capacidade dos pulmões e fazer que as inspirações e as expirações tenham a mesma duração.

DOENTE E "SEM COR"

Quando não estamos bem, ficamos literalmente "sem cor". Partes de nossa aura vibram na freqüência errada ou ficam vazias de cor. É comum que esse desequilíbrio venha do corpo emocional, que registra nossos sentimentos e níveis de *stress*. É preciso detectar e corrigir a causa desse desequilíbrio para que ele não se manifeste como doença física.

O trabalho do terapeuta da cor é fazer que o paciente descubra a causa da sua doença e trabalhe com ela, mantendo-o enquanto isso num estado de homeostase. Em geral, a idéia de trabalhar consigo mesmo é um conceito novo que exige mudanças de vida, o que às vezes cria um estado de aflição e insegurança. Trabalhar essas mudanças é um desafio que faz parte do processo de cura, pois nos dá oportunidades maravilhosas de crescer em todos os níveis do ser. Infelizmente, uma grande porcentagem da população foi condicionada a depender dos médicos para manter a saúde. Por isso, quando ficam doentes, essas pessoas acham que sua única responsabilidade na recuperação é lembrar de "tomar os comprimidos três vezes ao dia". Esse conceito é falso. Acredito que, nas condições corretas, o corpo cura a si mesmo, e a doença tem sempre uma causa que deve ser trabalhada. Mas acredito também que a medicina alopática tem seu papel. Há alguns problemas que exigem intervenção médica, mas até esses problemas são oportunidades de aprendizado, que só nos ensinam alguma coisa quando conseguimos olhar seriamente para nós mesmos.

Como o corpo emocional e o corpo mental se relacionam com o físico, os traumas vividos nesses níveis têm reflexos físicos. Vejo o corpo físico como um espelho que reflete tudo o que acontece nos níveis sutis do eu. Mas ele também pode sucumbir à doença devido a influências externas, como a poluição e os alimentos desvitalizados. Esses alimentos introduzem energia estagnada no corpo etérico, obstruindo o fluxo de prana. Às vezes, o alimento está tão vazio de prana que nós também ficamos vazios.

O uso correto da cor evita esses problemas.

TÉCNICAS DA CROMOTERAPIA

São muitas as técnicas para usar a cor em terapia. O método que emprego opera de três maneiras, que se baseiam numa classificação: *cores genéricas*, *cores terapêuticas* e *cor geral*.

Cores Genéricas

As diversas partes do corpo físico vibram naturalmente na freqüência dessas cores. Com algumas exceções, elas são determinadas pela cor dominante do chakra maior mais próximo. Na cura por contato, essas cores são usadas para revitalizar e equilibrar os órgãos do corpo físico e para limpar a energia acumulada no corpo etérico. Veja no Quadro 2 as cores genéricas associadas ao corpo físico.

Quadro 2: **As Cores Genéricas**

Parte do corpo	Cor genérica	Cor complementar
Glândula pineal (Chakra da coroa)	Violeta	Amarelo
Glândula pituitária (Chakra da fronte)	Índigo	Dourado
Olhos	Índigo	Dourado
Ouvidos	Índigo	Dourado
Cavidade sinusal	Índigo	Dourado
Pescoço	Azul	Laranja
Glândula tireóide	Azul	Laranja
Paratireóide	Amarelo	Violeta
Ombros	Azul	Laranja
Braços	Azul	Laranja
Mãos	Azul	Laranja
Pulmões	Verde	Vermelho
Coração	Verde	Vermelho
Peito	Verde	Vermelho
Rins	Amarelo	Violeta
Glândulas supra-renais	Amarelo	Violeta
Fígado	Amarelo	Violeta
Vesícula	Amarelo	Violeta
Estômago	Amarelo	Violeta
Pâncreas	Amarelo	Violeta
Baço	Laranja/amarelo	Índigo
Intestino delgado	Laranja	Azul
Cólon	Laranja	Azul
Bexiga	Laranja	Azul
Ovários	Laranja	Azul
Trompas de Falópio	Laranja	Azul
Útero	Laranja	Azul
Próstata	Laranja	Azul
Testículos	Turquesa	Vermelho-alaranjado
Pernas	Vermelho	Verde
Pés	Vermelho	Verde
Sistema ósseo	Amarelo	Violeta
Sistema imunológico	Turquesa	Vermelho-alaranjado
Sistema circulatório	Violeta	Amarelo
Sistema nervoso	Dourado	Índigo
Coluna espinhal	Amarelo	Violeta

Cores Terapêuticas

Essas cores são administradas em forma de luz ou na cura por contato para tratar doenças que já se manifestaram fisicamente. As que são apresentadas no Quadro 3 são as mais usadas, mas há algumas pessoas que precisam ser tratadas com cores diferentes. Para detectar esses casos, é preciso ouvir a intuição ou usar a rabdoscopia (ver páginas 88-9). É importante lembrar que cada uma dessas cores deve ser usada com sua cor complementar.

As doenças da lista abaixo são as que encontramos com mais freqüência na terapia complementar. Fazer uma lista do vasto número de doenças que afligem o homem seria como escrever um dicionário!

Quadro 3: **As Cores Terapêuticas**

Parte do corpo	Queixa	Cor	Cor complementar
Coluna	Paralisia	Amarelo	Violeta
	Trauma ou dor	Índigo	Dourado
Cabeça	Epilepsia	Azul	Laranja
	Dores de cabeça	Índigo	Dourado
	Enxaqueca	Índigo	Dourado
	Dor nevrálgica	Índigo	Dourado
	Insônia	Índigo	Dourado
	Sinusite	Laranja	Azul
	Amnésia	Violeta	Amarelo
	Mal de Alzheimer	Amarelo	Violeta
Glândula pituitária	Tumores	Magenta	Verde-limão
Cavidade sinusal	Dor	Índigo	Dourado
	Infecção	Vermelho-alaranjado	Turquesa
Pescoço	Rigidez	Azul	Laranja
	Dor de garganta	Vermelho-alaranjado	Turquesa
	Laringite	Vermelho-alaranjado	Turquesa
Olhos	Cansaço ocular	Índigo	Dourado
	Catarata	Índigo	Dourado
	Infecção	Vermelho-alaranjado	Turquesa
Ouvidos	Zumbido	Magenta	Verde-limão
	Infecção	Vermelho-alaranjado	Turquesa
	Ruptura do tímpano	Índigo	Dourado
	Mal de Ménières	Laranja	Azul
Glândula tireóide	Bócio	Azul	Laranja
	Hipertireoidismo	Azul	Laranja
	Hipotireoidismo	Laranja	Azul
Paratireóide	Osteoporose	Amarelo	Violeta
Ombros	Cansaço e tensão muscular	Índigo	Dourado

O USO DA COR NA TERAPIA

Parte do corpo	Queixa	Cor	Cor complementar
	Artrite	Amarelo	Violeta
	Rigidez	Índigo	Dourado
Seios	Cistos	Magenta	Verde-limão
	Câncer	Magenta	Verde-limão
	Mastite	Azul	Laranja
Pulmões	Asma	Azul	Laranja
	Bronquite	Laranja	Azul
	Câncer	Magenta	Verde-limão
	Pneumonia	Turquesa	Vermelho-alaranjado
Coração	Taquicardia	Azul	Laranja
	Palpitações	Azul	Laranja
	Trombose	Magenta	Verde-limão
	Angina	Índigo	Dourado
	Coração partido (emocional)	Violeta	Cor-de-rosa
Plexo solar	Tensão e *stress*	Azul	Laranja
Vesícula	Pedras na vesícula	Laranja	Azul
Fígado	Intoxicação	Verde-limão	Magenta
	Icterícia	Azul	Laranja
	Cirrose	Violeta	Amarelo
Estômago	Indigestão	Amarelo	Violeta
	Úlcera	Azul	Laranja
	Câncer	Magenta	Verde-limão
Pâncreas	Diabetes	Amarelo	Violeta
Baço	Deficiência no sistema imunológico	Turquesa	Vermelho-alaranjado
	Baço dilatado	Magenta	Verde-limão
	Baixa vitalidade	Dourado	Índigo
Rins	Nefrite	Turquesa	Vermelho-alaranjado
	Pedras nos rins	Laranja	Azul
	Nefroma	Magenta	Verde-limão
	Retenção de líquido	Magenta	Verde-limão
Bexiga	Cistite	Vermelho-alaranjado	Turquesa
	Câncer	Magenta	Verde-primavera
Intestino delgado	Inflamação	Índigo	Dourado
	Câncer	Magenta	Verde-primavera
	Mal de Crohn	Índigo	Dourado
Cólon	Constipação	Vermelho	Verde
	Diarréia	Azul	Laranja
	Diverticulite	Vermelho-alaranjado	Turquesa
	Câncer	Magenta	Verde-primavera
Ovários	Cisto ovariano	Laranja	Azul

Parte do corpo	Queixa	Cor	Cor complementar
	Gravidez	Azul	Laranja
	Infertilidade	Vermelho	Verde
Útero	Gravidez	Azul	Laranja
	Câncer	Magenta	Verde-limão
	Fibroma	Laranja	Azul
	Infertilidade	Vermelho	Verde
Sistema linfático	Tratamento geral	Turquesa	Vermelho-alaranjado
	Linfoma	Magenta	Verde-primavera
Articulações	Artrite	Amarelo	Violeta
	Inflamação/dor	Índigo	Dourado
Próstata	Aumento da próstata	Azul	Laranja
	Câncer	Magenta	Verde-limão
Testículos	Câncer	Magenta	Verde-limão
	Infertilidade	Vermelho	Verde
Ânus	Hemorróidas	Amarelo	Violeta
	Inflamação	Índigo	Dourado
Pele	Problemas gerais	Violeta	Amarelo

A COR GERAL

Essa é a cor que nos ajuda a descobrir a causa da doença, para então trabalhá-la. Eu lhe dei esse nome porque é administrada à pessoa como um todo. Sinto que é a cor mais importante.

A cor geral, com sua cor complementar, é administrada em forma de luz, com a ajuda do instrumento da cromoterapia (ver páginas 181-3). É importante que o paciente esteja vestido de branco, pois do contrário vai receber uma combinação da cor administrada com as cores das roupas que estiver usando.

Em situações em que não é possível trabalhar dessa forma, a cor pode ser administrada pela sola dos pés, pois os pés são a nossa imagem, o nosso microcosmo. Nessa técnica, é usada a visualização (ver páginas 185-7). No fim do tratamento genérico, ponha as duas mãos na sola dos pés do paciente e visualize primeiro a cor geral fluindo de suas mãos para os pés dele, seguida da cor complementar. Cada cor deve ser visualizada por dois a três minutos.

Há três maneiras de descobrir a cor geral que o tratamento exige. A primeira é a rabdoscopia, a segunda é a cinesiologia, e a terceira é o mapa de diagnóstico da coluna (ver o próximo capítulo).

Rabdoscopia

A origem da rabdoscopia pode estar nos instrumentos usados pelos xamãs para se comunicar com os espíritos. Diante de uma dificuldade, o xamã dirigia perguntas a uma vareta, derivada da varinha mágica, ou a uma pedrinha pendurada num fio. Desde então, surgiram vários artefatos semelhantes. O mais conhecido é a forquilha, usada para localizar água, petróleo ou objetos perdidos.

Nos anos 20, o abade Mermet, um padre francês, anunciou que usava a antiga arte da rabdoscopia para localizar e diagnosticar doenças. Ele fez demonstrações de sua técnica em hospitais a que tinha acesso como membro de uma ordem religiosa. Os médicos escolhiam grupos de pacientes e, com a ajuda de um pêndulo, ele diagnosticava as doenças. A precisão dos diagnósticos surpreendia os espectadores e desconcertava os céticos. Com base em suas descobertas, Mermet escreveu *Principles and Practice of Radiesthesia* (Londres, 1975).

A rabdoscopia parte do princípio de que todas as substâncias, incluindo o corpo físico, emitem radiação. O corpo de quem consegue se sintonizar a essa radiação age como um receptor para uma corrente intangível que flui pelas mãos. Em busca de água ou petróleo, a vareta rabdoscópica ou o pêndulo detectam a força da radiação dessas substâncias, indicando assim sua localização. A intensidade da força indica a quantidade da substância.

Se você preferir trabalhar com um pêndulo, é importante ter o seu. Antes do uso, é preciso limpar o pêndulo de todas as vibrações negativas: deixe-o em água salgada de um dia para o outro e na manhã seguinte lave-o em água corrente. Depois da limpeza, leve-o no bolso por algumas semanas para que ele fique impregnado da sua energia vibracional.

Aprender a trabalhar com o pêndulo exige tempo e paciência, além de confiança na própria intuição. O primeiro passo é descobrir o que indica "sim" e o que indica "não". Para isso, segure o pêndulo a uns quinze centímetros do seu plexo solar e mentalmente peça a ele que indique o "sim". Ele vai reagir girando no sentido horário ou anti-horário, ou senão numa linha horizontal ou diagonal. Agora peça a ele que indique o "não". Ele vai reagir de maneira semelhante. Uma vez estabelecidas, essas reações devem ser sempre iguais para você.

Ao usar o pêndulo para fazer um diagnóstico, você vai precisar de alguma coisa que guarde a vibração do paciente. No passado, os terapeutas usavam uma gota de sangue, mas isso não é mais necessário nem seguro, diante do risco oferecido pelo HIV e pelo vírus da hepatite. Você pode usar uma fotografia do paciente, uma mecha de cabelo ou uma amostra da escrita. O objeto deve ser colocado sob o pêndulo.

No começo, é comum duvidar da rabdoscopia e ficar se perguntando se a informação obtida é correta. A lição que devemos aprender com isso é a confiança.

Exercício de rabdoscopia

Para fazer este exercício, ponha pedaços de papel ou objetos coloridos sob algumas canecas brancas: a cor do papel ou do objeto deve ser diferente para cada caneca. Embaralhe as canecas. Então, com o pêndulo, procure descobrir qual a cor que está sob cada uma das canecas. Se acertar só uma ou duas, não desanime: a prática traz a perfeição. Quando tiver mais prática, peça a um amigo para esconder um objeto em algum lugar da casa e veja se consegue encontrá-lo com a ajuda do pêndulo.

À Procura da Cor Geral

Faça um pequeno disco, com uns oito centímetros de diâmetro, contendo as oito cores gerais (ver abaixo). Ponha esse disco sobre a mão do paciente. Peça ao pêndulo para indicar a cor geral necessária naquela situação. Seu pêndulo vai balançar diagonalmente sobre duas cores, como por exemplo azul e laranja. Se isso indicar "sim", o azul será a cor geral, e o laranja, a cor complementar. Se indicar "não", é o contrário: o laranja é a cor geral, e o azul, a cor complementar.

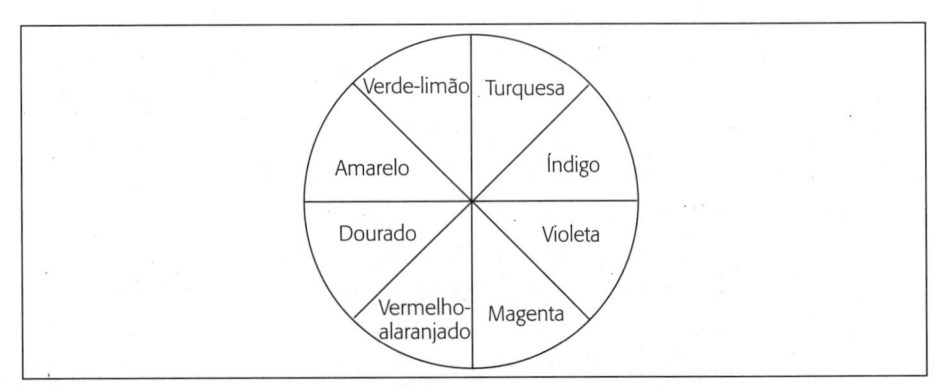

A roda da cor para descobrir a cor geral

Cinesiologia

A cinesiologia é o estudo dos movimentos do corpo. Foi introduzida pelo dr. George Goodheart, um quiroprático de Detroit. Combinando idéias orientais sobre fluxo de energia às próprias técnicas quiropráticas, Goodheart desenvolveu um sistema que usava um teste muscular para determinar a eficácia e a necessidade do tratamento. O equilíbrio muscular era então restaurado por meio de várias técnicas cinesiológicas. (Para mais informações ver A. Holdwatt, *Kinesiology*, Element Books, 1995).

Os terapeutas que trabalham com cinesiologia não fazem diagnósticos de doenças: procuram desequilíbrios ou deficiências nutricionais e energéticas e diagnosticam alergias alimentares. Dizem que o corpo reconhece e reage aos nutrientes e às substâncias químicas e que essas reações afetam o funcionamento dos músculos. Quando uma substância posta na língua causa fraqueza muscular imediata, isso indica alergia a essa substância.

Descubra a Cor Geral com a Cinesiologia

Para trabalhar com esse método, você vai precisar de doze retalhos de algodão colorido ou de doze pedaços de vidro colorido.

Teste primeiro o tônus muscular do paciente: pressione suavemente seu braço, que deve estar estendido. Repita o procedimento, pedindo ao paciente para resistir à sua pressão. Tendo determinado seu tônus e resistência muscular, peça que o paciente se volte para a luz e vende seus olhos com os retalhos de algodão, um de cada vez. Use então a cinesiologia com cada uma das oito cores para descobrir quais são as que o paciente precisa.

Se ele tiver necessidade de mais de uma cor, use o pêndulo para descobrir a cor geral.

Se preferir, use quadrados de vidro colorido em vez das vendas de algodão. Neste caso, o paciente deve segurá-los a uns cinco centímetros do olho direito ou esquerdo. O outro olho deve ficar fechado.

Antes de usar a rabdoscopia e a cinesiologia nos pacientes, pratique com os amigos. Assim, você vai ficar perito nessas artes e ganhar confiança.

CAPÍTULO 6

O Mapa da Coluna

O mapa da coluna foi idealizado há cerca de vinte anos no Hygeia Studios, em Gloucestershire, sendo depois desenvolvido na Oracle School of Colour. Além de ser de muita utilidade no diagnóstico e na procura de possíveis desequilíbrios no corpo físico, ele é usado para descobrir a cor geral de cada paciente, para orientar o aconselhamento e para determinar o estado dos chakras.

Esse mapa inclui um gráfico da coluna, um gráfico do crânio, uma tira com quarenta quadradinhos ao longo desses dois gráficos e indicações dos sete chakras principais mais o chakra alta maior. As oitavas musicais ao lado do mapa são uma sugestão de Olivea Dewhurst Maddock, autora de *The Book of Sound Therapy* (Gaia Books, 1993) e pioneira na integração do som com a reflexologia (ver ilustrações).

A coluna vertebral humana é formada por 33 vértebras, sendo sete cervicais, doze torácicas, cinco lombares, cinco sacrais e quatro coccígeas. As quatro vértebras coccígeas se fundem, formando dois ossos. Dentro da coluna vertebral fica a medula espinhal, uma coluna macia de tecido nervoso, continuação da parte inferior do cérebro. Com exceção dos doze pares de nervos cranianos que se ligam diretamente ao cérebro, todos os nervos espinhais do corpo saem pelas aberturas entre as vértebras. Todas as funções do corpo dependem da integridade dessa intricada massa de tecido. Juntos, o cérebro e a medula espinhal formam o sistema nervoso central. O cérebro fica encapsulado no crânio, que é formado por oito ossos chatos.

No mapa da coluna, o chakra da base fica na quarta vértebra coccígea. As 32 vértebras restantes são divididas em quatro seções de oito vértebras cada uma. A primeira, que inclui as vértebras coccígeas, representa o corpo físico; a segunda, o processo metabólico; a terceira, o corpo emocional; e a quarta, o corpo mental. Os oito ossos chatos do crânio, representados no mapa por oito quadradinhos situados dentro do desenho do crânio, representam o aspecto espiritual. Cada uma das cinco seções da coluna contém as cores vermelho-alaranjado, dourado, amarelo, verde-limão, turquesa, índigo, violeta e magenta. Os sete chakras principais, situados no crânio e ao longo da coluna, irradiam suas cores dominantes — vermelho, laranja, amarelo, verde, azul, índigo e violeta — e o chakra alta maior tem brilho magenta (ver ilustração).

A CONSTRUÇÃO DE UM MAPA PARA UM PACIENTE

Rabdoscopia do Mapa

O mapa da coluna é feito com o auxílio da rabdoscopia. Para fins de identificação, o paciente assina nas costas do mapa ou ao longo do gráfico da coluna, ou sua fotografia é colada ao pé do mapa.

Para examinar o mapa, comece pela cabeça e vá descendo para a base da coluna, pois assim as energias superiores de cura atingem todos os aspectos da pessoa. Trabalhar no sentido contrário costuma despertar a energia do paciente, o que pode não ser indicado naquele momento.

O objetivo do procedimento rabdoscópico é descobrir os ossos chatos e as vértebras que estão vibrando na freqüência errada e o grau de seu desequilíbrio. Como o pêndulo é um processo demorado, os alunos aprendem a usar o dedo médio como varinha rabdoscópica. Esse dedo é o mais apropriado por ser o mais comprido e o mais receptivo às energias externas. É um método que exige prática. O primeiro passo é descobrir como o dedo reage aos desequilíbrios de energia. As reações variam: formigamento, frio, calor e às vezes dor. Determinada a reação, ela não deve mais mudar. Com a prática, esse método se torna rápido e eficaz, mas há quem prefira usar o pêndulo.

Enquanto faz o mapa, peça para ser um instrumento para que as energias superiores fluam através de você para o bem do paciente. Depois, estenda o dedo médio da mão direita ou da mão esquerda ao longo do gráfico do crânio e vá descendo pelos outros quadradinhos do mapa, correspondentes às 32 vértebras. Quando sentir uma reação no dedo, marque os quadradinhos ou vértebras em questão com um "X". Se a reação for forte, ponha um sinal de mais (+) ao lado do "X"; se for média, ponha um círculo (O); e, se for fraca, um sinal de menos (-).

Ao terminar de examinar o mapa, pinte com a cor apropriada (a que aparece ao lado de cada quadradinho) os quadradinhos e vértebras marcados. Depois, pinte o quadradinho à frente com a cor complementar.

No início, você vai precisar correr o dedo pelo mapa várias vezes para perceber qual é a sua reação. Mas, quando ganhar confiança, corra o dedo uma só vez. As repetições vão deixá-lo confuso e, se usar a intuição, elas não serão necessárias.

Pontes entre as cores

Estabelecidas as cores, o estágio seguinte é a construção de pontes entre elas, que servem para revelar os problemas que estão sendo trabalhados. Essas pontes, assim como as vértebras isoladas, são registradas no quadro que fica ao pé do mapa. As letras desse quadro, começando de cima, significam espiritual, mental, emocional, metabólico e físico.

Para construir uma ponte, comece com a primeira cor que aparece no topo do mapa. Procure então a mesma cor nos quadradinhos que abrigam as cores complementares. Se houver mais de um quadradinho com essa cor, use a mais distante. Por exemplo: se a primeira cor é o magenta na parte espiritual, e nos quadradinhos complementares essa cor aparece na parte emocional e na parte física, é este último magenta que será usado para formar a ponte, pois assim a energia vai passar pelos aspectos mental, emocional e metabólico do paciente, ajudando-o a trabalhar com seu problema em todos os níveis. É então traçada uma linha para ligar esses dois magentas.

Como em cromoterapia a cor complementar é quase sempre usada com a cor terapêutica, o verde-limão do quadradinho complementar que está diante do magenta espiritual é agora ligado ao verde-limão que aparece diante do magenta da parte física do mapa, por uma segunda linha. Essas duas linhas formam uma ponte. A cor complementar que é usada na formação de uma ponte não pode ser usada de novo.

Para registrar essa ponte no quadro ao pé da página, trace uma seta que vai do espiritual ao físico. As outras cores do mapa são então tratadas da mesma forma. As cores "isoladas", que não podem ser ligadas por uma ponte porque não têm uma contrapartida na coluna complementar, são marcadas com um asterisco dentro de um círculo. São também registradas no quadro, no quadradinho correspondente (ver ilustração).

Quando as pontes estiverem prontas, a cor geral é estabelecida a partir das cores isoladas. Se, por exemplo, dois magentas, um verde-limão e um índigo ficarem isolados, a cor geral será o magenta porque há mais quadradinhos com essa cor. Se ficarem isolados um magenta, um vermelho-alaranjado e um dourado, use a cor com a vibração mais forte, detectada a partir dos sinais de menos, de mais e do círculo ao seu lado. Se todas as cores tiverem a mesma força, é preciso recorrer à rabdoscopia para estabelecer a cor geral.

Rabdoscopia dos Chakras

Terminada essa parte do mapa, os chakras são examinados com um pêndulo para determinar seu estado de equilíbrio. Os que estão em equilíbrio são ignorados. Os superativos são tratados durante a sessão de terapia com sua cor complementar, e os subativos, com sua cor dominante. Para maior clareza, os chakras superativos são marcados no mapa com um sinal de mais e pintados com a cor complementar, e os subativos são marcados com um sinal de menos e pintados com a cor dominante.

Como a energia que nos cerca está em constante mutação, o mapa da coluna deve ser feito na manhã do tratamento ou na presença do paciente. Um mapa feito um ou dois dias antes do tratamento pode ser inexato. É preciso prática para fazer e ler o mapa. Por isso, o melhor é fazer um curso para aprender a aplicar esse método.

Interpretação da Coluna Espinhal

As cores que aparecem no mapa indicam os problemas que o paciente está enfrentando. As cores ligadas pelas pontes indicam problemas dos quais ele já está tratando e as cores isoladas indicam problemas que ainda não estão sendo tratados.

Quando o mapa é analisado, sua estrutura básica deve ser explicada ao paciente, assim como as cores que aparecem nele. Esse procedimento encoraja o paciente a se abrir e a falar sobre seus problemas, além de ampliar a compreensão do terapeuta. Se o paciente não estiver familiarizado com a anatomia sutil, não é preciso falar dos chakras: basta tratá-los.

Interpretação das Cores da Coluna

O Aspecto Espiritual

VERMELHO-ALARANJADO Quando aparece na área espiritual, essa cor indica falta de integração da espiritualidade à vida física. Para nosso bem, esses dois aspectos devem ser incorporados. O laranja que faz parte dessa cor sugere a existência de dogmas que são mantidos embora já tenham perdido o sentido, o que favorece a frustração e a apatia e prejudica os sentimentos elevados.

DOURADO O dourado é a cor da sabedoria, da verdade e do conhecimento. Sua presença no mapa revela que a pessoa ainda não é versada em sabedoria espiritual, que só é atingida na busca do eu divino. Essa busca exige disciplina, meditação e sabedoria esotérica, conquistada ao longo do caminho espiritual. A sabedoria espiritual enche de graça e de alegria eterna a vida da pessoa que a encontra.

AMARELO O amarelo é a cor da mente intelectual. Quando aparece na parte espiritual do mapa da coluna, essa cor indica dificuldade para aceitar os aspectos da espiritualidade que ainda não podem ser comprovados. Em geral, os intelectuais não conseguem aceitar os ensinamentos religiosos porque ficam tentando comprová-los. Pela mesma razão, têm problemas para ouvir a intuição e confiar nela. Para eles, o desafio é aprender a confiar, aceitando o fato de que nem todos os conceitos espirituais podem ser comprovados pela mente racional.

VERDE-LIMÃO Essa cor apresenta um duplo desafio. Em primeiro lugar, sua presença nesta parte do mapa nos desafia a avaliar a eficácia e o valor dos dogmas religiosos presentes em nossa vida. O dogma pode ser comparado a uma venda nos olhos, que nos impede de ver os caminhos que levam à verdade divina. Os dogmas que não mais nos inspiram à verdade devem ser abandonados, abrindo caminho para novas idéias e práticas que favoreçam o crescimento espiritual. Os dogmas perdem o sentido a partir de um certo ponto da vida espiritual, quando conseguimos ver a verdade em todas as coisas.

Em segundo lugar, essa cor nos desafia a integrar aquilo em que acreditamos a todos os aspectos da nossa vida. Quem medita, por exemplo, pratica essa integração todos os dias. Segundo Krishnamurti, um sábio oriental, a meditação não é uma coisa separada da vida, mas a própria essência da vida, a essência da vida cotidiana, e é só quando a vida inteira se transforma em meditação que conseguimos integrar a espiritualidade a todos os nossos aspectos.

TURQUESA Na área espiritual, essa cor sugere o fanatismo religioso de alguém que acredita que só o seu caminho é verdadeiro. O verde que faz parte do turquesa está associado ao desequilíbrio dessa atitude, e o azul indica necessidade de paz incondicional para a compreensão de que todos os caminhos acabam levando a Deus.

ÍNDIGO Essa é a cor que representa a vastidão e o silêncio do espaço. Assim em cima como embaixo, assim dentro como fora. Espiritualmente, o índigo nos desafia a procurar esse espaço e esse silêncio dentro de nós mesmos, porque só então vamos descobrir o verdadeiro eu. A maioria das pessoas procura segurança, paz, realização e alegria nas coisas terrenas, que são transitórias e passam tão logo são encontradas. Mas quando as encontramos dentro de nós mesmos, a alegria, a paz e a realização se tornam parte de nós, e só nós podemos destruí-las.

VIOLETA Essa cor nos desafia a conhecer o amor incondicional, para depois trabalhar com ele. Essa é a forma mais elevada de amor, que abraça todas as coisas como elas são. Não julga nem critica: compreende que tudo o que fazemos é necessário ao nosso crescimento e compreensão. Quem chega ao ponto de se transformar no amor incondicional não precisa mais pensar nele.

MAGENTA Quando aparece na parte espiritual do mapa, essa cor sugere que nos falta consciência espiritual para fazer as mudanças necessárias ao nosso desenvolvimento. A vida costuma ser representada por uma espiral ao longo da qual evoluímos. No magenta, o vermelho, uma cor física, e o violeta, uma cor espiritual, se unem para sugerir transcendência por meio da mudança.

O Aspecto Mental

VERMELHO-ALARANJADO Quando aparece nesta parte do mapa, o vermelho-alaranjado indica falta de alegria e energia mental. Quando a causa desse estado é o excesso de trabalho intelectual, a cor desaparece quando o mapa é feito depois de uma boa noite de sono. Ela sugere também preocupação mental e enfado, como no caso da mulher que abandona uma carreira mentalmente estimulante para se dedicar à família.

DOURADO Na área mental, essa cor indica que não conseguimos ouvir a intuição e confiar nela, acreditando que o conhecimento é sempre obtido pelo intelecto. As soluções dos problemas e as tomadas de decisão se transformam em puro exercício intelectual. Nesse estágio, falta ainda discernimento para saber que todo o verdadeiro conhecimento vem da intuição e que o conhecimento intelectual é baseado na teoria dos outros — que nem sempre é correta.

AMARELO O amarelo está relacionado à mente intelectual. Nesta parte do mapa da coluna, o amarelo indica que não dominamos nossa mente, mas somos dominados por ela. Em geral, a mente passa cada segundo produzindo pensamentos sobre todos os tópicos imagináveis, uma atividade que nos impede de ficar em silêncio e ouvir a voz da intuição. Quem pratica meditação sabe como é

O espectro da luz: um raio de luz branca se divide nas cores do espectro quando passa por um prisma de vidro.

Crânio

Chakra da fronte

Chakra da coroa

Chakra alta maior

Vértebras cervicais

Chakra da garganta

Vértebras torácicas

Chakra do coração

VA = vermelho-alaranjado
DO = dourado
A = amarelo
VL = verde-limão
T = turquesa
I = índigo
V = violeta
M = magenta

Chakra do plexo solar

Vértebras lombares

Chakra do sacro

Vértebras sacrais

Cóccix

Chakra da base

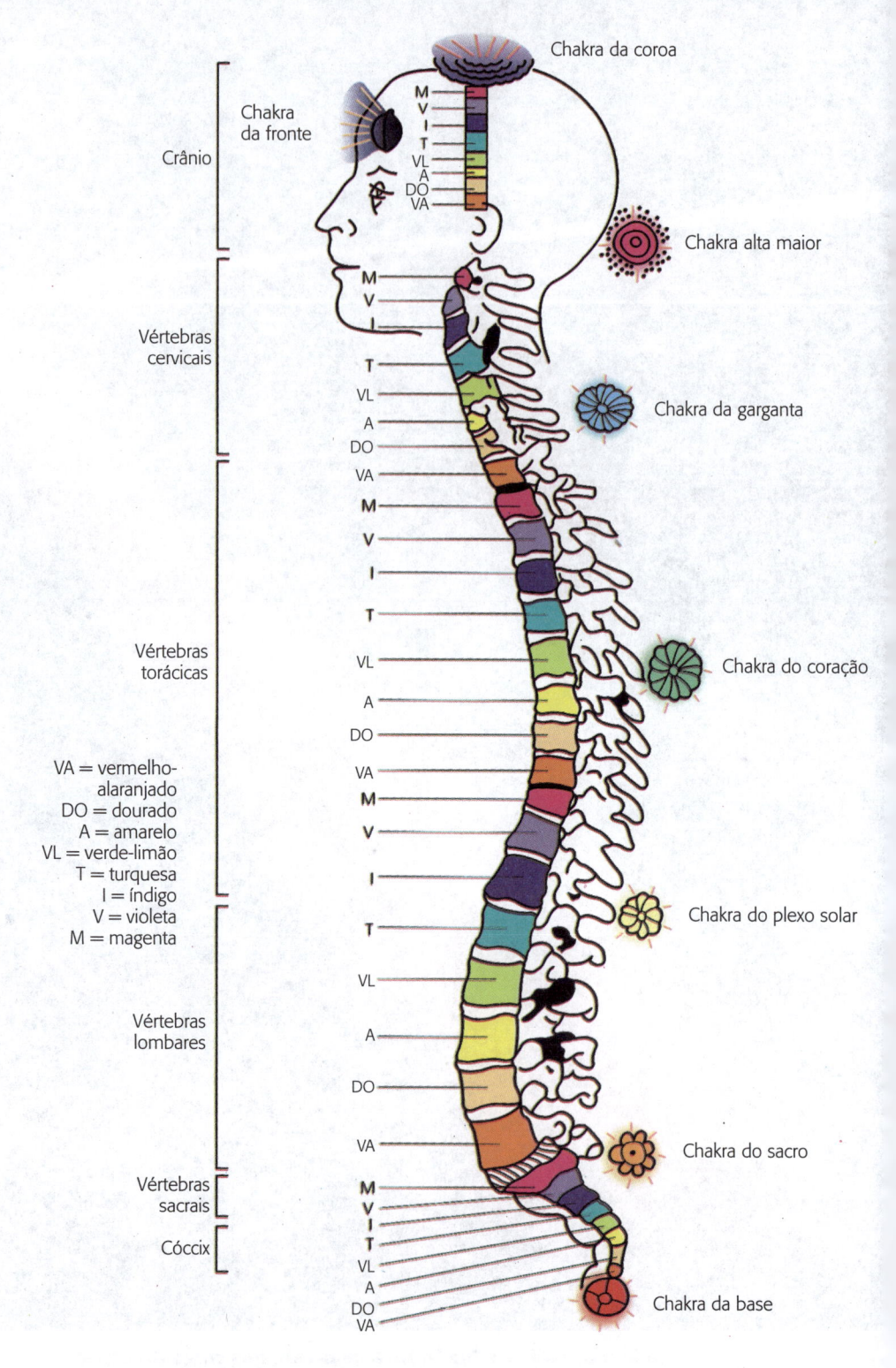

Mapa da coluna mostrando as cores das vértebras

Chakra da base = vermelho
Chakra do sacro = laranja
Chakra do plexo solar = amarelo
Chakra do coração = verde
Chakra da garganta = azul
Chakra alta maior = magenta
Chakra da fronte = índigo
Chakra da coroa = violeta

VA = vermelho-alaranjado
DO = dourado
A = amarelo
VL = verde-limão
T = turquesa
I = índigo
V = violeta
M = magenta

Nome do paciente: *Sra. A*
Data do mapa *8.10.99*
Cor geral necessária *vermelho-alaranjado*

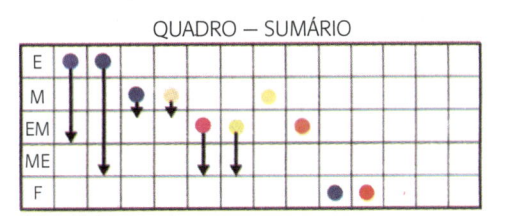

QUADRO — SUMÁRIO

Mapa completo da coluna

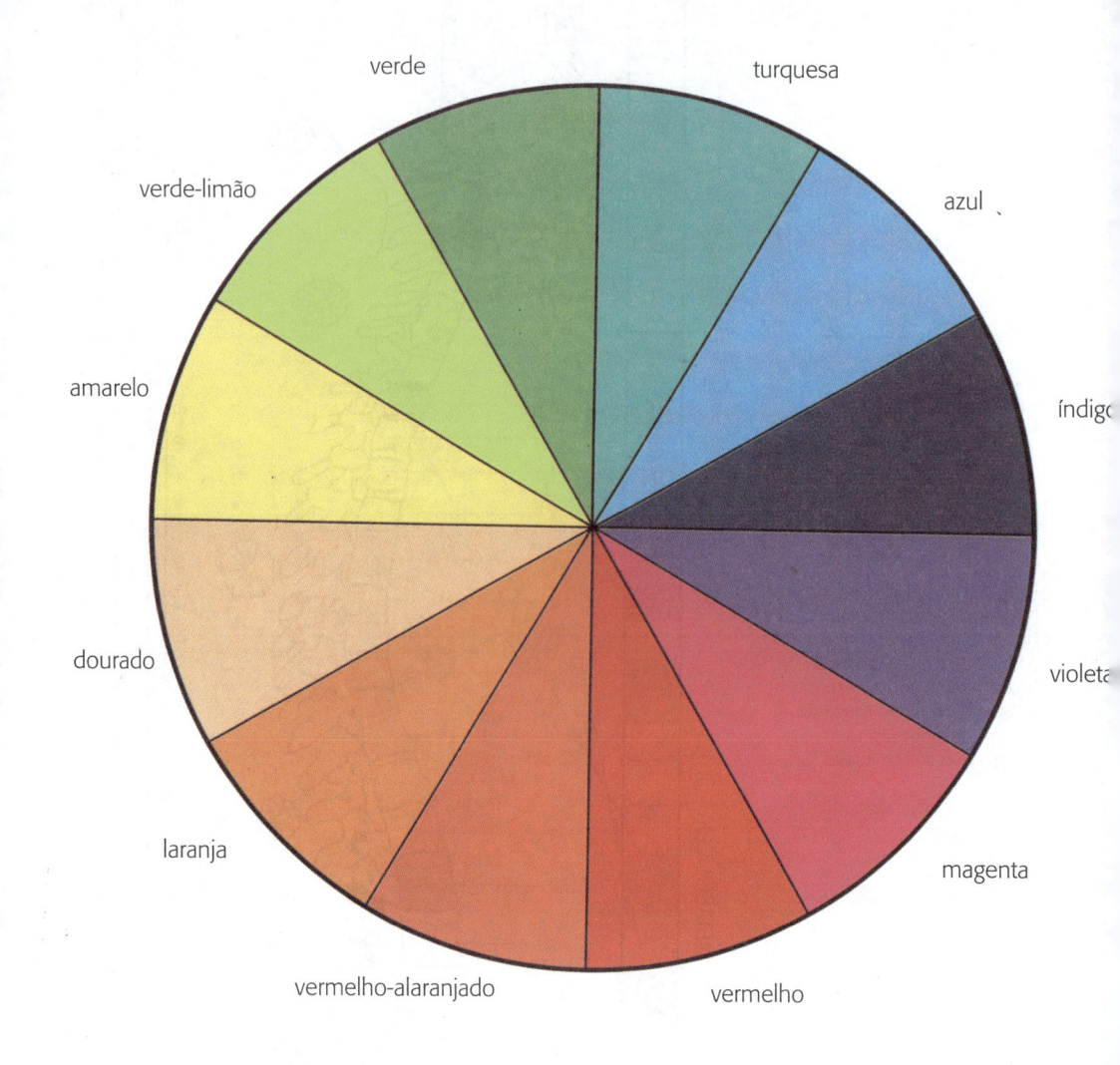

vermelho = energia (masculina)
vermelho-alaranjado = alegria/energia (feminina)
laranja = alegria e riso
dourado = sabedoria
amarelo = recuo
verde-limão = desintoxicação

verde = equilíbrio
turquesa = imunidade
azul = paz
índigo = espaço/analgésico
violeta = dignidade e amor
magenta = mudança

A roda de doze cores

difícil aquietar a mente e levá-la a estados mais elevados de consciência. Essa cor nos ensina que é necessário ter consciência da atividade mental e aprender a dominá-la.

O tumulto mental faz que essa cor apareça na parte mental do mapa. Para obter a cura, a causa desse estado precisa antes ser descoberta. Se houver mais de uma solução para o problema, é bom escrever num pedaço de papel todos os prós e contras das várias soluções possíveis. Esse exercício costuma levar a uma resposta.

VERDE-LIMÃO Essa cor indica alguém que é muito negativo em suas atitudes ou que está mentalmente revivendo o passado. Mostra a necessidade de transformar essa negatividade numa atitude mais positiva em relação à vida. Para isso, é bom examinar o passado, integrar os acontecimentos positivos ao presente e jogar fora o que sobrar para abrir espaço para o crescimento. Isso é como podar uma árvore e remover todos os galhos mortos para que ela cresça, ficando mais forte e saudável.

Essa cor sugere também algum grau de desequilíbrio mental, que pode tomar a forma de uma doença mental ou estar ligado aos hemisférios direito e esquerdo do cérebro. O hemisfério esquerdo está associado à busca intelectual, e o direito, à criatividade, sendo que ambos devem ser trabalhados igualmente. Quem tem uma carreira predominantemente intelectual precisa ter um *hobby* criativo e vice-versa.

TURQUESA Essa cor indica uma mente superativa, da qual é impossível fugir. O azul do turquesa mostra a necessidade de trazer paz e quietude para a mente, e o verde ajuda a restaurar seu equilíbrio. É importante lembrar que a mente afeta o corpo da mesma forma que o corpo afeta a mente. Quando está em constante estado de agitação, a mente produz um estado semelhante no corpo físico. Da mesma forma, a tranqüilidade da mente leva à tranqüilidade do corpo.

ÍNDIGO Essa cor sugere fadiga mental e necessidade de espaço para relaxamento e descanso. Para encontrar esse espaço, devemos ter um *hobby* criativo, ouvir música ou fazer alguma coisa que nos dê alegria. Isso é necessário, pois nos permite rever para onde a vida está nos levando e se é isso que desejamos. Podemos então detectar as mudanças necessárias.

VIOLETA Quando aparece no nível mental, o violeta nos convida a amar nossos pensamentos, mesmo os negativos, aceitando-os como parte de nós mesmos. Os pensamentos suprimidos por causa de sua natureza desagradável acabam se manifestando como doença física. Assim, é importante enfrentá-los e conversar sobre eles com um amigo ou com o terapeuta, para descobrir uma maneira de dispersá-los. Amar a si mesmo pode ser muito difícil para quem foi criado numa fé religiosa rígida, que considera esse amor egoísta. Infelizmente, quem não ama a si mesmo não consegue amar profundamente mais ninguém. Quando começamos a dar atenção ao amor e a aceitar nossos pensamentos, ocorre uma mudança harmoniosa, que traz consigo uma sensação de bem-estar.

MAGENTA Nesta parte do mapa, o magenta indica a necessidade de abandonar velhos padrões de pensamento que bloqueiam a camada mental da aura. Esses bloqueios atrapalham nosso desenvolvimento, obstruindo novas idéias e experiências. É muito fácil viver no passado, mas é preciso lembrar que ele se foi e que dele só tiramos as lições aprendidas. O futuro talvez nunca chegue. Assim, só nos resta o agora, o presente. O desafio é viver no presente e trabalhar com ele.

O Aspecto Emocional

VERMELHO-ALARANJADO Nesta parte do mapa, essa cor sugere falta de energia emocional, o que em geral se deve a algum trauma. Neste caso, o desafio é examinar a causa do trauma para descobrir uma solução. A energia emocional pode também ter sido drenada por outra pessoa. Por isso, devemos aprender a nos proteger e a assumir o comando de nossas energias (ver páginas 131-6). O laranja dessa cor fala da necessidade de mais alegria emocional, cuja falta leva à letargia.

DOURADO O dourado nos diz que estamos sendo manipulados emocionalmente. Diz também que ainda não temos sabedoria para perceber o que está acontecendo ou que pegamos o caminho mais fácil, fechando os olhos para a situação. Mas essa situação exige solução imediata para que não tome conta da nossa vida, levando-nos a um estado de depressão e impotência. O manipulador não desiste com facilidade, especialmente se estiver atingindo seus objetivos. É a vítima que precisa encontrar força para resistir e se afastar.

AMARELO Essa cor indica pessoas altamente emotivas, com pouco controle sobre os próprios sentimentos. Nessas pessoas, a camada emocional da aura vibra na freqüência errada e falta equilíbrio ao chakra do plexo solar, o que pode ter um efeito negativo sobre o pâncreas, o baço, o fígado e o estômago. Nossa época nos desafia a desenvolver força emocional até que essa parte da aura se dissolva, libertando-nos das limitações do apego pessoal.

VERDE-LIMÃO O verde-limão indica necessidade de desintoxicação emocional. É comum o corpo astral ficar bloqueado por sentimentos de medo, raiva, inveja e ódio, que nos deixam fisicamente doentes. Nesse caso, é bom fazer aquilo que tememos; em caso de raiva, trabalhar o perdão analisando nossos próprios defeitos; em caso de inveja, examinar as bênçãos que nos foram concedidas; em caso de ódio, transformá-lo em amor.

TURQUESA Turquesa é a cor da imunidade. No aspecto emocional do mapa, sugere que somos controlados pelas emoções. O azul que faz parte dessa cor sugere necessidade de paz e tranqüilidade para que a situação possa ser revertida. O verde ajuda a estabilizar o corpo emocional. Às vezes, essa cor aparece quando estamos sofrendo de complexo de perseguição ou paranóia.

ÍNDIGO O índigo é a cor que combate a dor e, nesta área do mapa, sugere que precisamos trabalhar as dores emocionais. Isso é muito difícil e exige muita compreensão e paciência por parte do terapeuta, que precisa ser um bom ouvinte e um bom conselheiro. O índigo consegue criar o espaço de que precisamos para trabalhar traumas emocionais. Com tempo e compreensão, vamos atravessar essa fase e continuar a vida com mais sabedoria e positividade.

VIOLETA Emocionalmente, o violeta nos ensina a amar os próprios sentimentos, aceitando-os como parte de nós mesmos. Infelizmente, algumas religiões ensinam que certos sentimentos são pecaminosos e levam à condenação. Esses ensinamentos nos fazem reprimir o que sentimos e nos sobrecarregam de culpa emocional. Neste caso, devemos examinar todos os nossos sentimentos ou desejos e, se forem negativos ou destrutivos, modificá-los por meio do amor.

MAGENTA Essa cor indica necessidade de mudar o panorama emocional. Ela nos diz para examinar velhos padrões emocionais, erradicando os que não têm mais razão de ser. Assim, vamos ter força emocional e domínio sobre os sentimentos. Sei por experiência que, quando iniciamos esse trabalho, somos testados até o ponto de querer desistir, mas devemos lembrar que esses testes nos ajudam a atingir nossos objetivos na vida.

O Aspecto Metabólico

VERMELHO-ALARANJADO A parte metabólica do mapa da coluna analisa a metabolização do que comemos. Quando aparece nessa parte, o vermelho-alaranjado indica que não estamos absorvendo, pelo intestino delgado e grosso, todos os nutrientes do alimento que comemos. Esse problema pode ser causado por doença intestinal, diarréia, excesso de laxantes ou *stress*, que enfraquece todos os sistemas do corpo. Como é uma combinação de vermelho e laranja, essa cor pode indicar um quadro de anorexia ou bulimia, doenças que eliminam a alegria do ato de comer. Esses dois distúrbios alimentares têm causas psicológicas profundas e exigem tratamento profissional.

DOURADO Quantas vezes comemos só para sentir o gosto da comida e não porque estamos com fome? O dourado sugere que precisamos de sabedoria para selecionar os alimentos necessários para a saúde, e não apenas os que satisfazem o paladar. Para isso, devemos estar sintonizados com o próprio corpo e ouvir suas exigências. O dourado costuma aparecer no mapa de pessoas que não têm tempo para comer direito, por cansaço, sobrecarga de trabalho ou falta de disposição para preparar uma refeição nutritiva. Para manter a saúde e a vitalidade, é preciso comer alimentos livres de pesticidas, mas cheios de vitaminas e minerais.

AMARELO O amarelo é a cor mais próxima da luz do sol. Na área metabólica da coluna, indica que a pessoa está com falta de cálcio. Essa cor costuma aparecer nos mapas de mulheres na menopausa, especialmente quando passam pouco tempo ao ar livre, expostas à luz natural do dia. Está provado que a luz ultravioleta absorvida pelos olhos aumenta a produção de vitamina D, necessária para a absorção do cálcio. O amarelo é a cor do desinteresse e às vezes indica um distúrbio alimentar (desinteresse pela comida), que tem origem em algum distúrbio psicológico ou emocional.

VERDE-LIMÃO Essa cor nos diz que o corpo físico está intoxicado por causa de uma dieta desequilibrada. A intoxicação pode ser causada por alimentação ruim, alergias alimentares ou constipação. Para tratar o problema, é preciso levar todos esses fatores em consideração. Quando o terapeuta percebe que a dieta do paciente está desequilibrada ou que ele tem alguma alergia, deve encaminhá-lo a um nutricionista.

TURQUESA O turquesa é a cor da imunidade e, na área metabólica do mapa, indica deficiência imunológica. Isso ocorre em pessoas que têm o vírus HIV ou que passaram há pouco tempo por alguma infecção viral. A deficiência do sistema imunológico é causada também pelo *stress* e pelo cigarro. Esses agentes consomem a vitamina C, vital para a manutenção do sistema imunológico. Para essas pessoas, é indicado um suplemento dessa vitamina.

ÍNDIGO Na área metabólica do mapa, o índigo sugere *stress* do sistema digestivo, devido a algum problema emocional ou mental. Todos nós já perdemos o apetite em situações estressantes. É assim que a natureza protege o corpo, impedindo que o estômago fique cheio de alimentos que teria dificuldade para digerir naquele momento. Mas essa cor indica também pessoas que nunca param de comer, ficando assim sem espaço para a digestão. A comida representa conforto, mãe, amor. Na falta disso, alguns procuram preencher o vazio com comida, um problema que exige muito aconselhamento.

VIOLETA Para aproveitar ao máximo o alimento que ingerimos, devemos nos dispor a preparar alimentos nutritivos, reservar bastante tempo para comer e para fazer a digestão e abençoar o alimento antes das refeições. Abençoar a comida aumenta sua energia vibracional. Nesta parte do mapa, o violeta sugere alguém que sai pela rua com um sanduíche numa das mãos e uma latinha de refrigerante na outra. Essas pessoas não têm tempo para pensar no que estão comendo ou bebendo e não têm amor pelo sistema digestivo. Se tivessem, mudariam seus hábitos alimentares.

MAGENTA Em caso de alergia por algum alimento, o magenta aparece na parte metabólica do mapa. Ele indica a necessidade de erradicar esse alimento da dieta para que o corpo volte ao seu estado de saúde e vitalidade. Quando o terapeuta suspeita de alergia alimentar, deve sugerir que o paciente procure um médico para fazer testes de alergia.

O Aspecto Físico

VERMELHO-ALARANJADO Quando aparece nessa parte do mapa da coluna, o vermelho-alaranjado indica falta de energia física e às vezes falta de alegria. Esse estado pode ser o resultado de um dia de muito trabalho. Nesse caso, o vermelho-alaranjado não aparece mais no mapa depois de uma boa noite de sono. Essa cor indica também tédio ou depressão. Quando estamos na iminência de fazer alguma coisa que nos dá prazer ou se estamos com a pessoa amada, sentimos uma liberação de vida e energia, mas, quando estamos diante da solidão e do trabalho sem inspiração, somos tomados pelo tédio e pela letargia. Essa cor aparece também quando não estamos com os pés no chão — em outras palavras, quando estamos com a cabeça nas nuvens. Para alcançar a totalidade, devemos trabalhar no sentido de integrar todos os nossos aspectos.

DOURADO Dourado é a cor da sabedoria. Nesta parte do mapa da coluna, indica que nos falta sabedoria para seguir o melhor caminho, para escolher o emprego certo ou o melhor lugar para viver. Essa cor revela também incapacidade de aprender com os erros. Sem sabedoria para enxergar as conseqüências dos nossos erros, continuamos a repeti-los. É como dar um passo para a frente e dois para trás. A sabedoria é necessária para romper esse padrão.

AMARELO Essa cor aparece no mapa de pessoas voltadas para os aspectos físicos da vida, que dão pouca importância à radiância da própria luz interior. Tais pessoas estão sempre impecavelmente vestidas, sem nenhum fio de cabelo fora do lugar. Esse exterior rigoroso é quase sempre uma máscara que encobre fragilidade e insegurança. Devemos lembrar que a verdadeira beleza vem de dentro. Quando os olhos de um deficiente físico irradiam luz interior, suas deformidades mal são notadas.

VERDE-LIMÃO A cor verde-limão na parte física do mapa da coluna indica presença de toxinas no corpo ou falta de equilíbrio físico. A intoxicação costuma ser causada por dietas inadequadas ou por medicamentos. Neste caso, a solução é um rápido jejum, num momento em que temos disponibilidade para descansar, seguido de uma mudança na dieta. Ninguém deve parar de tomar um remédio sem falar com o médico, mas podemos nos ajudar tomando consciência do que ingerimos e fazendo com regularidade um tratamento complementar. Há desequilíbrios físicos causados pela perda de um órgão ou membro ou pelo mau funcionamento de alguma parte do corpo, o que sobrecarrega outras partes. Em outros casos, a causa é uma dieta ácida ou alcalina demais.

TURQUESA O turquesa é a cor da imunidade e, na parte física do mapa da coluna, às vezes sugere hipocondria. Esse é um problema comum entre estudantes de enfermagem ou medicina, que começam a imaginar que têm os sintomas descritos nas aulas. O azul que entra na composição dessa cor sugere necessidade de paz e relaxamento para que os problemas possam ser enfrentados realisticamente e para que o equilíbrio físico e mental possa ser restaurado.

ÍNDIGO Essa cor é um poderoso analgésico e, quando aparece na parte física do mapa da coluna, indica dor física. Neste caso, devemos procurar o médico. O índigo cria espaço para o silêncio e para o relaxamento, necessários para que possamos enfrentar a vida. O atual estilo de vida não nos dá tempo para aproveitar o espaço e a quietude essenciais para o nosso bem-estar.

VIOLETA O violeta nos pergunta se temos amor pelo corpo físico, o templo da alma. Quando nos perguntam se amamos a nós mesmos, em geral rimos e respondemos "não" ou "estou tentando". É um bloqueio, porque fomos condicionados a considerar egoísmo o amor por nós mesmos. Só que, como já foi mencionado, quem não consegue amar a si mesmo não consegue amar mais ninguém. E quem não gosta da forma ou do tamanho do próprio corpo não consegue amá-lo. Mas, quando conseguimos amar nosso corpo, coisas maravilhosas começam a acontecer.

MAGENTA O magenta é a cor que nos predispõe a fazer mudanças que nos levam a evoluir como seres humanos. Nesta parte do mapa, indica necessidade de mudanças na vida física: é hora de mudar de emprego ou de abandonar um esporte ou passatempo que não interessa mais. Quando abandonamos alguma coisa, abrimos espaço para novas idéias e passatempos.

Uma Breve Interpretação do Mapa da Coluna

Para ilustrar a interpretação do mapa da coluna, vamos examinar o mapa completo da Sra. A (ver página 99). Vamos começar no topo do mapa, na área espiritual: violeta e índigo são as cores que aparecem primeiro. Essas duas cores estão unidas por uma ponte, indicando que a paciente está trabalhando com o conceito de amor incondicional enquanto busca o próprio espaço interior. Em geral, encontramos esse espaço interior ao praticar meditação e uma disciplina espiritual. É o caso de pessoas que apresentam essas duas cores unidas.

Descendo para a área mental, encontramos o índigo e o dourado, unidos por uma ponte, e o violeta, que está isolado. Nesse nível, o índigo age no sentido de aquietar a mente, interrompendo a corrente constante de pensamentos que a bombardeiam e abrindo espaço para a sabedoria da intuição (dourado), que deve ser percebida e ouvida. Isso só é possível quando a mente está quieta e em paz. Observe que o aspecto espiritual do mapa está relacionado ao que está sendo trabalhado no aspecto mental. O desafio é incorporar amor e respeito por si mesmo, como indica o violeta isolado.

O MAPA DA COLUNA

Todas as partes do corpo são controladas pelos nervos, e sua função normal pode ser prejudicada pelo mau alinhamento das vértebras, o que provoca os problemas abaixo.

Nível vertebral/ Cor complementar	Área do corpo	Problema
1C VL	Fornecimento de sangue para a cabeça, pituitária, couro cabeludo, ossos faciais, ouvido médio e interior, sistema nervoso simpático.	Dor de cabeça, nervosismo, insônia, hipertensão, enxaqueca, dores de cabeça, problemas mentais, amnésia, epilepsia, cansaço, tontura.
2C A	Olhos, nervo óptico, nervo auditivo, cavidade sinusal, osso temporal, língua, testa.	Sinusite, alergia, estrabismo, surdez, problemas oculares, dor de ouvido, desmaios, certos casos de cegueira.
3C DO	Bochechas, ouvido exterior, ossos da face, dentes, nervo trigêmeo.	Nevralgia, neurite, acne ou espinhas, eczema.
4C VA	Nariz, lábios, boca, trompa de Eustáquio, amígdalas.	Febre alérgica, catarro, surdez, aumento das amígdalas.
5C M	Cordas vocais, glândulas do pescoço, faringe.	Laringite, rouquidão, faringite, amigdalite.
6C V	Músculos do pescoço, ombros, amígdalas.	Rigidez no pescoço, dor no antebraço, amigdalite, coqueluche, crupe.
7C I	Glândula tireóide, bolsas serosas das articulações dos ombros, cotovelos.	Bursite, resfriados, problemas na tireóide, bócio.
1D T	Antebraços, mãos, punhos e dedos, esôfago e traquéia.	Asma, tosse, dificuldade para respirar, falta de fôlego, dor nos antebraços e mãos.
2D VL	Coração, incluindo as válvulas, o miocárdio e as artérias coronárias.	Problemas funcionais do coração e certas dores no peito.
3D A	Pulmões, brônquios, pleura, peito, seios, mamilos.	Bronquite, pleurite, congestão, pneumonia, gripe.
4D DO	Vesícula e duto biliar.	Problemas da vesícula, icterícia, herpes-zoster.
5D VA	Fígado, plexo solar, sangue.	Problemas do fígado, febres, pressão baixa, anemia, má circulação, artrite.
6D M	Estômago.	Problemas estomacais, incluindo indigestão, queimação, dispepsia.
7D V	Pâncreas, ilhotas de Langerhans, duodeno.	Diabetes, úlcera, gastrite.
8D I	Baço, diafragma.	Leucemia, soluços, baixa resistência.
9D T	Supra-renais.	Alergias, urticária.
10D VL	Rins.	Problemas nos rins, arteriosclerose, cansaço crônico, nefrite.
11D A	Rins, uretra.	Problemas da pele como acne ou espinhas, eczema, furúnculos. Auto-intoxicação.
12D DO	Intestino delgado, trompa de Falópio, circulação linfática.	Reumatismo, gases, certos tipos de esterilidade.
1L VA	Intestino grosso (cólon), anéis inguinais.	Constipação, colite, disenteria, diarréia, hérnia.
2L M	Apêndice, abdômen, coxas, ceco.	Apendicite, cólica, dificuldade para respirar, acidose, varizes.
3L V	Órgãos sexuais, ovários ou testículos, útero, bexiga, joelho.	Problemas na bexiga, problemas menstruais, como cólicas menstruais e períodos irregulares, abortos, enurese noturna, impotência, menopausa, dores nos joelhos.
4L I	Próstata, músculos da base das costas, nervo ciático.	Ciática, lumbago, dificuldade para urinar.
5L T	Pernas, tornozelos, pés, calcanhares, arcos dos pés.	Má circulação, fraqueza e cãibras nas extremidades inferiores, tornozelos inchados, pés frios.
1S VL / 2S A / 3S DO / 4S VA / 5S M	Ossos dos quadris, nádegas.	Problemas na região sacro-ilíaca, curvatura da coluna.
1C V / 2C I / 3C T	Reto, ânus.	Hemorróidas, coceira, dor na ponta da coluna ao sentar.

Terapia da cor – mapa de diagnóstico e mapa do sistema nervoso

O aspecto emocional revela que está acontecendo muita coisa nessa área da vida da paciente. O magenta e o amarelo isolados indicam que ela está tentando se afastar do cotidiano para detectar as mudanças que vão lhe dar a liberdade para seguir em frente. Os distúrbios emocionais estão produzindo perda de energia emocional (vermelho-alaranjado) e falta de equilíbrio (verde), o que, por sua vez, gerou desequilíbrio na camada astral da aura e no chakra do plexo solar.

Na área metabólica, há indicações de que a paciente está procurando uma dieta com sabedoria (dourado), tentando torná-la mais nutritiva, embora ainda coma coisas que provocam reações alérgicas (magenta). O verde-limão mostra que o corpo está tentando se desintoxicar, mas para isso o alimento que causa a intoxicação deve ser detectado e eliminado.

Na área física, o índigo e o vermelho estão isolados, mostrando que a paciente está com falta de vitalidade e de energia física. Esse estado pode ter sua causa na dieta ou em problemas emocionais, além de sugerir que ela precisa de mais espaço para si mesma.

No mapa, há três chakras que não estão vibrando na freqüência correta: o do sacro, o do plexo solar e o da garganta. A cor geral que vai ajudar essa paciente a descobrir a causa dos seus problemas e a tratá-los é o vermelho-alaranjado.

Há uma outra maneira de trabalhar com este mapa: comparando-o ao mapa da página 109 para descobrir que órgãos estão ligados aos nervos que saem das vértebras isoladas. Depois, é bom examinar esses órgãos numa sessão de cura por contato, para detectar a energia estagnada (ver Capítulos 9 e 10). Quando há energia estagnada, usamos o pérola por meio da visualização, o que ajuda a dispersá-la.

CAPÍTULO 7

A Doença e sua Causa Metafísica

Feito o diagnóstico, o primeiro passo para a cura é examinar a possível causa da doença. Hoje em dia, somos condicionados a acreditar que a doença nos é infligida pelo mundo exterior e que, se temos a infelicidade de ficar doentes, a responsabilidade pela nossa recuperação é dos médicos. Não estou com isso depreciando a medicina, pois sei que ela tem uma função necessária na sociedade atual, mas acredito também que somos nós os responsáveis pela nossa saúde ou falta de saúde.

A principal meta da medicina alopática é descobrir como ocorre a cura, acreditando até hoje que as drogas e os procedimentos cirúrgicos são responsáveis por ela. Mas já se leva em conta a importância do papel da consciência na eficácia das intervenções médicas em geral.

A consciência não atua apenas dentro das pessoas, mas também entre elas, sendo que o estado de consciência de cada um favorece ou prejudica a saúde. Se acreditarmos sem sombra de dúvida que é possível superar a própria doença, trabalhando no sentido de detectá-la e erradicá-la, estaremos curados. Mas, se acreditarmos por condicionamento que vamos morrer de certa doença ou se nos faltar coragem para tratar a nós mesmos, então provavelmente morreremos.

Certa vez, durante um curso no exterior, conheci uma mulher notável. Sentindo-se culpada por ter um filho com deficiência mental, quando descobriu que tinha câncer de mama achou que estava sendo castigada. Querendo morrer, ignorou o nódulo no seio. Quando finalmente resolveu ir ao médico, o tumor estava enorme. Sem pena, o médico lhe disse que tinha sido muito irresponsável e que agora nem dava mais para operar o tumor.

Foi então que ela se deu conta de que, se morresse, não haveria ninguém para cuidar do filho. Depois dessa consulta, resolveu se informar sobre terapias complementares e começou a se tratar. Com tratamento constante e muito esforço consciente, ela percebeu que o tumor estava diminuindo. Quando ele voltou ao tamanho que tinha quando ela o notou pela primeira vez, resolveu removê-lo cirurgicamente. E se recuperou muito bem. Convencida da eficácia das terapias complementares, pelo menos no seu caso, ela se tornou terapeuta para poder retribuir a ajuda que tinha recebido.

Quem, como essa mulher, resolve trabalhar na área das terapias complementares, deve fazer a si mesmo algumas perguntas. O que é a doença? O que é a cura? Como saber se temos potencial para ajudar os outros a ajudarem a si mesmos? Se não nos ocorrem respostas plausíveis para essas perguntas, é melhor reconsiderar nosso caminho.

Acho que somos uma partícula minúscula no vasto universo que nos cerca. Acho também que somos uma imagem do que está além de nós. Olhando à nossa volta, vemos a devastação causada pela poluição e pela desumanidade dos homens em relação aos outros homens, aos animais e às plantas. Tudo isso afeta o planeta e provoca inúmeras doenças em todas as coisas vivas. Para reverter esses horrores, é preciso erradicar a causa. É preciso parar de poluir a terra com produtos químicos e alimentos geneticamente modificados. É preciso respeitar a vida, incluindo o reino animal. Para avançar no caminho de sua evolução, os animais precisam perder o medo do homem e aprender a dar e a receber amor. Mas isso só vai acontecer quando deixarmos de acreditar que temos o direito de fazer experiências com essas criaturas em nome do nosso chamado bem-estar e de matá-las para fazer casacos de pele. Temos muito trabalho pela frente se queremos reparar o dano causado pelas atrocidades que cometemos.

Como somos um universo em miniatura, um microcosmo, o mesmo se aplica a nós. Muitos já reconhecem que a motivação, a emoção e a atitude determinam a saúde e a doença. Há alguns fatores que favorecem a doença: *stress*, desespero, medo inconsciente e poluição do corpo causada pelos alimentos que ingerimos. Esses fatores, como já foi mencionado, criam energia estagnada na camada etérica da aura. Quando não é tratada, essa energia acaba se manifestando como doença física. Por isso, eu acho que a cura está relacionada à vontade de detectar e tratar a causa da doença física. Sem isso, ninguém se recupera. Mas, tratando a causa, damos um passo à frente na espiral da evolução e ficamos em posição de ajudar os outros.

Para mim, o corpo físico é um espelho que reflete o que fazemos em todos os níveis do nosso ser. Ele reflete nossa condição metafísica por meio de seus sistemas e órgãos e das doenças que os afligem. Tendo consciência da causa metafísica das doenças, os terapeutas vão compreender melhor seus pacientes e as várias maneiras de ajudá-los. É também importante perceber que a doença é uma excelente oportunidade de aprendizado.

COMO O CORPO FALA CONOSCO

A Cabeça

Na cabeça fica o crânio, que é formado por oito ossos chatos. Esses ossos protegem e abrigam o cérebro, que é dividido em hemisfério esquerdo e hemisfério direito. O hemisfério direito é ligado ao lado esquerdo do corpo e o hemisfério esquerdo ao lado direito. O hemisfério direito do cérebro e o lado esquerdo do corpo são associados à energia feminina, à intuição e à criatividade. O hemisfério esquerdo do cérebro e o lado direito do corpo são associados às energias masculinas, ao intelecto, à lógica e à asserção. O cérebro, uma das partes do sistema nervoso, é o computador mais complexo e sofisticado que já se construiu. Assim como o resto do corpo, o sistema nervoso é vulnerável a vários problemas. Pode ser danificado por infecções, degeneração, defeitos estruturais, tumores e distúrbios vasculares causados por falhas no suprimento de sangue.

É na cabeça que ficam os olhos, responsáveis pela visão, os ouvidos, responsáveis pela audição, a boca, responsável pelo paladar, e o nariz, responsável pelo olfato. Assim, a cabeça é a sede dos pensamentos e sensações e o centro de controle do resto do corpo. Além disso, está relacionada ao aspecto espiritual.

As doenças da cabeça surgem quando desejamos nos desligar do resto do corpo ou da espiritualidade. Esse desejo pode ter vários motivos.

Amnésia (Perda de Memória)

Em geral, a perda de memória é provocada por um golpe na cabeça que, dependendo da intensidade, pode até danificar o cérebro. Mas às vezes não tem uma causa aparente. Pode também ser provocada por traumas ou dores emocionais com origem na infância. Um trauma pode ser tão doloroso que nos desligamos dele e do resto do mundo. Assim, temos a garantia de que não vamos passar por uma experiência semelhante nem lembrar da experiência original.

Mal de Alzheimer

Esse mal afeta grande parte da população. É associado à velhice, mas pode ocorrer em qualquer idade. Quando ocorre antes dos 65 anos, é chamado de "pré-senil", e, depois dos 65 anos, de "senil". É uma doença incurável do cérebro, que provoca uma perda progressiva da memória e de outras funções intelectuais: a mente vai parando de funcionar, e a pessoa afetada fica cada vez mais confusa, incapaz de manter uma conversa e de perceber o que acontece à sua volta. O doente acaba regredindo ao comportamento infantil.

A causa metafísica desse mal perturbador pode ser um profundo trauma mental e/ou medo intenso do futuro. Regredir ao comportamento infantil é uma forma de escapar da responsabilidade e de evitar os medos e traumas que o futuro pode trazer. A criança não precisa assumir responsabilidade por si mesma, pois isso é papel dos pais. Da mesma forma, nos últimos estágios dessa doença, o doente é incapaz de cuidar de si mesmo, o que passa a ser tarefa da família ou de alguma instituição.

Dor de Cabeça e Enxaqueca

A dor de cabeça pode ser sintoma de um distúrbio mais profundo, mas em geral é causada por *stress*, excesso ou falta de sono, excesso de comida ou bebida, ambiente barulhento ou abafado. Fisiologicamente, há duas causas para a dor de cabeça. A primeira é a tensão nos músculos da face, do pescoço ou do alto da cabeça e a segunda é inchaço de vasos sangüíneos, que ficam com as paredes pressionadas.

A enxaqueca é uma dor de cabeça forte, precedida ou acompanhada de outros sintomas. A causa biológica é desconhecida. Alguns neurologistas acreditam que a enxaqueca é desencadeada pela ingestão de certos alimentos, como chocolate ou queijo, que fazem que as artérias que levam sangue ao cérebro fiquem contraídas e inchadas. Essa reação das artérias explicaria os distúrbios da visão associados a esse mal.

Metafisicamente, as dores de cabeça são provocadas pelo medo de externar pensamentos e sentimentos, que acabam sobrecarregando a mente, ou por pressões do trabalho, dos relacionamentos e da vida familiar. Se você sofre de enxaqueca, procure examinar racionalmente seus medos e as pressões que existem em sua vida. Alivie a mente expressando o que pensa e procure aliviar as pressões que provocam mal-estar e cansaço.

Os olhos

Os olhos são as janelas da alma e também os órgãos que nos permitem assimilar o ambiente. Quando ocorrem problemas nos olhos, a pergunta que devemos fazer é: o que eu não quero ver?

Catarata

A catarata é a opacificação gradual da substância gelatinosa que forma o cristalino, o que bloqueia ou distorce a luz que entra no olho. Em alguns casos, essa distorção piora na luz brilhante. A pergunta é: por que não queremos ver claramente? Do que temos medo ou vergonha? Por que nos escondemos atrás de uma nuvem escura? A visão nublada, resultado da catarata, impede que os outros vejam nossa alma. Há uma maneira menos drástica de conseguir o mesmo resultado, freqüentemente adotada pelos jovens: usar óculos escuros o tempo todo.

Glaucoma

O glaucoma é uma das doenças mais graves e mais comuns em pessoas com mais de 60 anos. É um defeito no sistema de drenagem do olho. Assim, o humor aquoso se acumula, provocando aumento da pressão do globo. Essa pressão acaba causando a morte dos vasinhos do fundo do olho, cuja função é alimentar as fibras do nervo óptico.

O glaucoma é um mal associado à água, o elemento das emoções. Além disso, as lágrimas expressam alegria ou tristeza. O acúmulo de fluido aquoso sugere a existência de emoções reprimidas que precisam ser liberadas por meio das lágrimas, o que é muito difícil para os homens ocidentais, que acreditam que chorar não é coisa de homem.

Os Ouvidos

É com os ouvidos que ouvimos e nos comunicamos com os sons à nossa volta. São seus canais semicirculares que nos permitem manter o equilíbrio. Quem tem problemas auditivos deve se perguntar o que não quer ouvir e quais são os desequilíbrios de sua vida.

Mal de Ménière

Nessa doença, ocorre um aumento na quantidade de fluido no labirinto. Essa câmara cheia de fluido monitora a posição e o movimento da cabeça e transmite essas informações ao cérebro, para que o equilíbrio do corpo seja mantido. O aumento da pressão provocado pelo excesso de fluido distorce ou rompe as células nervosas da parede do labirinto, perturbando o senso de equilíbrio. Essa doença nos desafia a examinar nossos desequilíbrios e a descobrir maneiras de resolvê-los para que o equilíbrio e a harmonia sejam restaurados em nossa vida.

Rompimento do Tímpano

Em geral, esse rompimento é causado por objetos pontiagudos introduzidos no ouvido, pelo barulho de uma explosão ou por um golpe. O rompimento do tímpano pode levar à perda parcial da audição. É um problema que nos desafia a enfrentar questões que preferimos ignorar porque envolvem alguma coisa de que não gostamos, porque temos medo ou porque são dolorosas demais. Seja como for, quando prestamos atenção e agimos de acordo com o que ouvimos, conseguimos seguir em frente com força renovada.

O Nariz

O nariz faz parte do trato respiratório. É por ele que inspiramos o ar que supre o corpo de oxigênio, que é essencial para a produção de energia e para a eliminação de dióxido de carbono, um subproduto da produção de energia. Cheias de ar, as cavidades sinusais vão das narinas aos ossos do cérebro, reduzindo o peso da cabeça e dando ressonância à voz.

Resfriado

A doença que chamamos de resfriado pode ser causada por mais de duzentos vírus diferentes. O entupimento do nariz indica que estamos nos isolando do eu superior intuitivo e que há questões emocionais que devemos enfrentar. Um resfriado pode nos dar o espaço necessário para examinar essas questões e descobrir o que precisamos fazer para voltar a fluir livremente com as energias da vida.

Sinusite

A sinusite é a inflamação da mucosa que reveste as cavidades sinusais e em geral decorre de alguma virose, como o resfriado. Às vezes é provocada pelo leite e seus derivados, que irritam a mucosa, fazendo-a secretar excesso de muco. Essa doença sugere irritação com a vida. Essa irritação provoca um acúmulo de raiva que, se não for trabalhada, acaba sendo liberada pelos canais sinusais.

O Pescoço

O pescoço é a ponte entre o eu físico e o eu espiritual. Dentro dele fica a laringe, que nos permite verbalizar opiniões; a glândula tireóide, que determina o ritmo metabólico do corpo por meio do hormônio tiroxina; e a paratireóide, que secreta o hormônio paratireoidiano, que se combina à vitamina D para controlar o nível de cálcio do organismo. O cálcio é necessário para fortalecer os ossos e os dentes, para coagular o sangue e para o bom funcionamento dos nervos e músculos.

Rigidez no Pescoço

Como a rigidez nos impede de mover a cabeça, vemos apenas o que está à nossa frente. Isso sugere que há coisas que não queremos enxergar ou que somos rígidos e dogmáticos. Quem se identifica com uma dessas atitudes, deve tirar o cabresto para ver toda a realidade, e não apenas uma parte.

Laringite

A laringite é causada por infecção bacteriana ou viral e provoca rouquidão ou perda da voz. A voz nos permite expressar sentimentos, opiniões e crenças. Quando perdemos a voz, perdemos também essa capacidade. Por quê? Porque temos medo de que caçoem de nossas crenças ou temores ou porque nos consideramos indignos das pessoas à nossa volta. É importante lembrar que os sentimentos são parte de nós e que às vezes precisam ser expressos em voz alta.

Hipertireoidismo (Tireóide Hiperativa)

Nesse distúrbio, há uma produção excessiva de tiroxina, o que acelera todas as reações químicas do corpo, afetando os processos físicos e mentais. Quem sofre desse mal está sempre estressado e agitado, com pressa de alcançar seus objetivos, mesmo que seja à custa dos outros. Quer que tudo termine antes de começar e tenta correr mais do que as pernas permitem. O corpo físico acompanha esse pique, acelerando o processo de envelhecimento e a deterioração do corpo.

Hipotireoidismo (Tireóide Subativa)

Quando a tireóide produz pouca tiroxina, o metabolismo do corpo fica mais lento. O resultado é cansaço, dores no corpo e diminuição do ritmo cardíaco. Esse desequilíbrio sugere letargia, falta de vontade de participar das coisas, uma atitude que diz: "Não quero ser perturbado, a vida não vale a pena". Quem sofre desse mal precisa ser sacudido para lembrar que tinha um objetivo quando veio à terra.

Os Ombros e os Braços

O ombro se liga ao braço por uma articulação, formada por uma esfera e um soquete: a esfera do osso do braço se encaixa no soquete em forma de copo da escápula. É nos ombros que carregamos os fardos e responsabilidades da vida e é com os braços que demonstramos o que sentimos pelos outros e pelas coisas em geral.

Rigidez nos Ombros

A rigidez nos ombros impede o movimento normal, que fica limitado pela própria rigidez e pela dor. Geralmente, é causada por uma pancada ou mau jeito que afeta o uso da articulação. Nos casos graves, a dor desce pelo braço. Esse mal nos convida a examinar nossos encargos e responsabilidades. Será que seu peso nos enrijece, impedindo-nos de expressar o que sentimos pelos outros e por nós mesmos? Se for esse o caso, é hora de examinar esses encargos e abandonar os que perderam a importância, para que possamos abrir os braços e liberar a expressão. Um dos erros de certos terapeutas é assumir os encargos dos pacientes, o que não ajuda nenhum dos dois. O paciente deixa de aprender, e o terapeuta acaba ficando doente.

O Peito

Dentro da caixa torácica ficam os pulmões, associados ao sopro da vida, e o coração, que é o centro do amor e da harmonia emocional. Nas mulheres, é aí que ficam também as glândulas mamárias, que simbolizam a energia feminina.

Câncer de Mama

É uma doença muito séria, mas que a medicina convencional trata com sucesso, desde que seja diagnosticada nos estágios iniciais. É pelo seio que alimentamos os bebês. Só que as mulheres não cuidam apenas dos bebês, mas de toda a família. Cuidamos dos outros, mas também precisamos de cuidados. Só que em geral isso não acontece, e o corpo acaba protestando na forma de doenças nos seios. Essas doenças sugerem também conflitos interiores relacionados à negação da energia feminina e do papel tão importante que essa energia desempenha em nossa sociedade.

Doenças Coronarianas

Essas doenças ocorrem quando as duas artérias coronárias, que alimentam o coração por meio de uma rede de ramificações, ficam obstruídas por depósitos de gordura. Isso provoca a angina, que pode levar ao infarto. Como o coração é o centro do amor, a incapacidade de dar e receber amor acaba se manifestando fisicamente como doença do coração. Temos também que aprender a amar a nós mesmos. O acúmulo de gordura nas artérias coronarianas é uma forma de proteção contra as dores do amor, mas infelizmente esse processo prejudica o coração, privando-o do oxigênio e do alimento de que ele precisa para funcionar. O primeiro passo para a cura é amar todos os nossos aspectos. O segundo é irradiar amor incondicional por toda a criação.

Asma

A asma é uma doença caracterizada por constantes ataques de falta de ar. Sua causa é a obstrução parcial dos brônquios e bronquíolos, que ficam com as paredes contraídas. O asmático expressa dificuldade para ficar à vontade no mundo: acha que não está à altura das expectativas e teme a rejeição. Para superar esse estado, temos que primeiro aprender a nos aceitar. Só assim seremos aceitos pelos outros.

Bronquite

A bronquite é a inflamação do revestimento mucoso das principais passagens de ar dos pulmões, provocada em geral pelos mesmos vírus que causam os resfriados. A tosse e a inflamação dos brônquios indicam frustração ou irritação pelo que sentimos em relação a nós mesmos. Essa doença sugere que precisamos arrancar alguma coisa do peito, que alguma coisa que estamos tentando dizer está bloqueada. Pode ser também que nos falte a coragem e os meios para enfrentar questões profundas que começaram a vir à tona. A bronquite está associada também à irritação causada por acontecimentos da vida pessoal que nos impedem de respirar direito.

O Abdômen Superior

Essa parte do corpo abriga os principais órgãos digestivos: estômago, fígado, vesícula, baço e pâncreas. É associada ao elemento fogo por causa do calor e da energia produzidos durante o processo da digestão.

O Estômago

O estômago age como um processador de alimentos, transformando numa pasta a comida que mastigamos e engolimos. Esse alimento processado sai do estômago pouco a pouco, pelo esfíncter pilórico, indo então para o duodeno.

Obesidade

Obesidade é o excesso de gordura provocado pelo excesso de comida. O alimento representa a mãe, o amor, a afeição, a segurança, a sobrevivência e a recompensa. Nós o usamos para substituir afeição e amor, especialmente em tempos de perda, separação ou morte, procurando preencher com ele o vazio interior.

Erosão Gástrica

A erosão gástrica é uma área em carne viva na membrana que reveste o estômago. Ela pode ser causada por drogas que irritam essa membrana ou por *stress* prolongado. Em vez de digerir a comida, o próprio estômago sofre uma erosão. Esse mal costuma ser provocado pela incapacidade de digerir questões emocionais. Ele nos desafia a examinar nossa vida para descobrir como resolver essas questões.

O Fígado

O fígado é o maior órgão do corpo, e seu papel é crucial e complexo: regula a composição das células e de várias substâncias do sangue. É associado ao amor e à capacidade de amar. Governa os relacionamentos de amor e ódio, e é nele que a raiva se acumula. As separações afetam profundamente o fígado no nível físico.

Cirrose

A cirrose é a lenta deterioração do fígado causada por excesso de tecido conectivo em seu interior. Com essa mudança, o fígado vai deixando de realizar suas funções. Essas "cicatrizes" do fígado são provocadas por excesso de álcool, que ingerimos para inibir a raiva em relação a nós mesmos e em relação a atos de outras pessoas. Para que o fígado permaneça saudável, temos que expressar a raiva e corrigir sua causa.

Hepatite Aguda

A hepatite aguda é uma inflamação repentina do fígado causada por várias espécies de vírus. Três dessas espécies, A, B e C, foram identificadas. A transmissão da hepatite A é favorecida pela falta de higiene e pela contaminação da água. No caso da hepatite B e da hepatite C, são duas as formas de transmissão: atividade sexual e contato com sangue infectado. As vítimas da hepatite C tendem a desenvolver doenças crônicas do fígado.

Embora suporte altos níveis de *stress*, às vezes o fígado fica inflamado, indicando que o nível de *stress* está alto demais, o que o deixa suscetível às infecções. O fígado é sensível ao biorritmo e ao ritmo da terra, fazendo que o organismo humano entre em contato com seu biorritmo natural. Quando ele fica inflamado, o organismo perde a noção do biorritmo.

A Vesícula

A vesícula é um saco coletor do fluido que contém bilirrubina e várias outras substâncias. Fica na superfície do fígado. Depois de uma refeição, ela envia seu conteúdo, chamado bile, para o duodeno.

Esse pequeno órgão tem uma linguagem descritiva que nos diz claramente o que está acontecendo. A vesícula é geralmente associada à coragem, mas também à irritação e à sensibilidade. A bile é associada à amargura. Assim, os problemas da vesícula refletem padrões emocionais e mentais de irritação e amargura em relação às pessoas ou às situações que nos aborrecem.

Pedras na vesícula

No início, essas pedras são pequenas partículas sólidas, que vão crescendo à medida que aumenta a concreção em torno delas. Nossos padrões de pensamento podem congelar e endurecer, transformando-se em pedras difíceis de eliminar. É por isso que não devemos subestimar o poder do pensamento negativo.

O Pâncreas

O pâncreas é uma glândula fina e comprida que fica atrás do estômago e tem duas funções principais. A primeira é produzir enzimas que o duto pancreático leva até o duodeno, onde ajudam a digerir a comida. A segunda é produzir dois hormônios, a insulina e o glicogênio, que regulam o nível de glicose do sangue.

Diabetes Sacarina

É um distúrbio comum, que ocorre quando o pâncreas produz pouca ou nenhuma insulina. O resultado é a baixa absorção de glicose – por parte das células, que precisam dela para ter energia, e por parte do fígado, que a armazena – e, conseqüentemente, o alto nível de glicose no sangue. Há dois tipos dessa diabetes: a da "maturidade" e a "juvenil", que só reage ao tratamento com injeções de insulina.

A diabetes nos convida a enfrentar nossa incapacidade de tratar os outros com doçura. Assim como no corpo físico deve haver equilíbrio de glicogênio, assim também a gentileza e a doçura em relação aos outros e a nós mesmos deve estar em equilíbrio. Pessoas "meladas" demais não estão em equilíbrio nem são apreciadas pelos outros. No outro lado do espectro, a doçura e a gentileza são substituídas pelo azedume e pelo mau humor!

O Baço

O baço é um órgão linfóide que fica no lado esquerdo superior do abdômen. Além de produzir linfócitos, ele remove da corrente sangüínea células vermelhas defeituosas.

Os chineses acreditam que a energização do baço pelo *prana* que entra por seus dois chakras menores favorece o senso de humor e o gosto pela vida, e que a autonegação e a recusa de enfrentar responsabilidades enfraquece esse órgão. Quem tem alterações no baço geralmente usa máscaras para esconder seus verdadeiros sentimentos e para ter uma certa imunidade em relação às influências externas.

Baço Aumentado

O aumento do baço costuma ser sintoma de outra doença. Nessas condições, o baço fica propenso a se romper e pode se tornar superativo, removendo vários tipos de células do sangue. Ele abriga os sentimentos ocultos pelas máscaras que usamos e as responsabilidades a que tentamos escapar. Aceitar os desafios que as responsabilidades trazem nos dá mais força e sabedoria.

O Baixo Abdômen

O baixo abdômen abriga o intestino delgado, o cólon, a bexiga, os rins, as glândulas supra-renais, o útero, os ovários e os testículos.

Intestino Delgado

O intestino delgado tem cerca de sete metros de comprimento e vai do duodeno ao cólon. Sua principal função é absorver os nutrientes, lançando-os na corrente sangüínea.

O intestino delgado é muito afetado pela reação instintiva de lutar ou fugir e pela atividade supra-renal. Ele registra o medo e as ameaças. Participa também do registro das ondas sonoras.

Mal de Crohn

O mal de Crohn é uma inflamação crônica no trato digestivo, que em geral afeta o íleo. Inflamações no trato intestinal sugerem que estamos absorvendo as coisas que tememos ou que nos ameaçam, em vez de enfrentá-las e resolvê-las. Quando sentimos medo, as glândulas supra-renais secretam uma quantidade maior de adrenalina, que vai para a corrente sangüínea. Quando não é usada para nos livrar do perigo iminente, a adrenalina permanece no organismo, provocando hiperatividade.

O Cólon

O cólon, ou intestino grosso, tem mais ou menos 1,5 metro de comprimento. O intestino delgado se abre para o intestino grosso por uma câmara chamada ceco. O restante do cólon sobe pelo lado direito do corpo, passa por debaixo das costelas e desce pelo lado esquerdo, formando uma cabine para o intestino delgado.

O cólon está associado à culpa e à dor de consciência. Quem se considera mau prejudica seu cólon, que está associado às emoções indesejadas e à incapacidade de expressá-las. Como o cólon está também relacionado ao apego emocional, o fato de haver tantas doenças intestinais sugere que não estamos conseguindo abrir mão de certas emoções, boas ou más, para nos libertar.

Constipação

É uma alteração dos intestinos que resulta em fezes duras e secas. Esse distúrbio nos convida a observar nosso apego a certas coisas e a nos perguntar por que temos medo de nos livrar delas. O motivo pode ser insegurança ou condicionamento. Mas, doloroso como é, esse apego nos tira a liberdade de ser nosso próprio mestre.

Diarréia

A diarréia é um aumento na freqüência, fluidez e volume dos movimentos do intestino em relação aos seus padrões normais. No nível físico, a diarréia pode ser provocada por intoxicação alimentar, sendo uma forma de o corpo eliminar rapidamente os organismos que a provocaram. Metafisicamente, é a maneira de o corpo se livrar das emoções negativas antes que elas gerem desarmonia no corpo físico.

Os Rins

Os rins são um par de glândulas situadas uma de cada lado da coluna, na parte posterior do abdômen. Sua principal função é remover certas substâncias do sangue. Quando os rins não funcionam, essas substâncias se acumulam, provocando uma "intoxicação" conhecida como uremia. Os rins registram agitação, ódio, ansiedade e tumulto emocional, trabalhando para livrar o organismo desses sentimentos.

Pedras nos Rins

No início, essas pedras são partículas muito pequenas que se depositam no meio do rim, onde a urina se acumula antes de fluir para a uretra. Com o tempo, outras partículas vão se juntando às primeiras, formando as pedras, que podem indicar um acúmulo de ansiedade ou ódio não resolvidos. Quanto mais tempo durar o problema, maiores serão as pedras.

A Bexiga

A bexiga é um saco de tecido muscular e fibroso, forrado por uma membrana. Sua função é coletar a urina que vem dos rins pela uretra. É muito ligada a emoções infantis e muito sensível a mudanças sazonais. O meridiano que passa pela bexiga influencia o fluxo da energia kundalini na coluna. Quando fica bloqueado, esse meridiano impede o fluxo da energia kundalini e reduz a vitalidade física.

Cistite

A cistite é uma inflamação da bexiga geralmente provocada por uma infecção. O corpo procura liberar pela urina as emoções infantis que não conseguimos liberar com as lágrimas. Quando não consegue, a bexiga fica inflamada. Sabe-se que para algumas mulheres esse problema está relacionado às mudanças sazonais, o que sugere falta de disposição para modificar certos aspectos da vida.

Os Ovários

Os ovários fazem parte do sistema reprodutor feminino e estão ligados ao ciclo menstrual, que é governado pelos ciclos da lua. Essas glândulas produzem os óvulos, que, se fertilizados, podem se transformar em novos seres humanos. Os ovários expressam a criatividade e o poder feminino e se ressentem quando esse poder é minado e a criatividade é coibida em qualquer nível.

Cisto Ovariano

O cisto ovariano é uma bolsa cheia de fluido que cresce no ovário ou perto dele. Não tem uma causa física definida, mas pode atingir um tamanho considerável e prejudicar a fertilidade. Em certos casos, chega a afetar o ciclo menstrual e a impedir a concepção, o que pode ter como causa metafísica a supressão da energia feminina. O cisto é um acúmulo de conflitos e dúvidas que algumas mulheres sentem em relação a essa energia. Esses sentimentos podem vir de traumas causados por abuso sexual na infância, que em geral não são tratados por serem dolorosos demais.

O *Útero*

O útero é um órgão em forma de pêra, com paredes formadas por músculos muito fortes. Sua parte inferior, o colo uterino, é mais estreita e tem paredes espessas, abrindo-se para a parte superior da vagina. O útero faz parte do sistema reprodutor, que distingue a mulher do homem e, como tal, é a expressão da criatividade e do poder feminino. É também uma câmara de eco em que ressoam os sons primordiais do universo.

Mioma

Os miomas são tumores benignos que se desenvolvem dentro ou fora das paredes do útero. Em certos casos, prejudicam a concepção e a gestação. Indicam que a mulher duvida de seu papel feminino e desconfia de sua capacidade de gerar uma nova vida, duvidando da própria energia e do importante papel que desempenha na evolução da humanidade.

Os *Testículos*

Os testículos, órgãos sexuais masculinos, ficam suspensos fora do corpo na bolsa escrotal. Essas glândulas se ligam ao corpo pelo cordão espermático, composto pelo canal deferente e por vários nervos e vasos sangüíneos. O esperma produzido pelos testículos fica num tubo enrolado, o epidídimo, para amadurecer. Dali, vai para o canal deferente e para as vesículas seminais, onde fica armazenado. Em geral, homens que têm problemas nos órgãos reprodutores duvidam da própria capacidade de ter filhos. Como os homens são condicionados para a paternidade, essa dúvida mina sua masculinidade.

Câncer Testicular

O câncer nessa parte do corpo revela sentimentos de desesperança em relação ao papel masculino. Esses sentimentos, quando não são resolvidos, ficam tão arraigados que começam a corroer o corpo físico na forma de câncer. O importante é não esquecer que as energias masculinas e femininas devem se complementar, pois o papel das duas é vital.

As Pernas

As pernas têm vários ossos e articulações: osso da coxa, articulação do joelho, tíbia, fíbula e articulação do tornozelo, que liga o pé à perna. São as pernas que nos dão mobilidade, sendo que os joelhos permitem maior flexibilidade em vários tipos de movimento. Quem tem problemas nas pernas deve se perguntar por que não quer avançar na vida, por que prefere ficar onde está. Problemas nos joelhos nos desafiam a descobrir se trabalhamos com o ego ou com o eu espiritual.

Artrite Reumatóide no Joelho

A artrite reumatóide é uma doença crônica das articulações. A membrana sinovial fica inflamada e inchada, e aos poucos essa inflamação atinge outras partes da articulação. O inchaço e a inflamação nos impedem de dobrar a articulação para ajoelhar. É um problema que nos desafia a descobrir o que está prevalecendo em nós: o ego que glorifica a si mesmo ou a humildade que vem do Eu superior. Quem é guiado pelo ego tem seu trabalho limitado e não consegue fluir com as energias da vida. Por isso devemos lembrar que nossos dons não são realmente nossos: eles nos são concedidos pela luz universal e devem ser usados para o bem dos outros. Quem aceita esse fato realiza suas tarefas com graça e humildade.

Cãibra na Perna

A cãibra é um espasmo muscular que costuma ocorrer quando ficamos muito tempo sentados, em pé ou deitados em posição desconfortável. A cãibra na perna está ligada à incapacidade de seguir adiante na vida, por medo ou teimosia. Sugere que estamos parados no mesmo lugar há muito tempo — e que o crescimento e a compreensão dependem da capacidade de seguir para novas paragens.

OUTRAS CAUSAS DA DOENÇA

A interpretação metafísica das doenças físicas permite que os terapeutas complementares tenham outro nível de compreensão em relação a seus pacientes. Só que nem todas as doenças têm uma causa metafísica. Quem tropeça e quebra a perna pode ter apenas que aprender uma lição: tomar mais cuidado. Além disso, há doenças e deficiências kármicas, que escolhemos antes de encarnar. Neste caso, encarnamos com a doença escolhida ou a contraímos em algum momento da vida. A doença não tem cura quando é kármica e a alma escolheu morrer dessa forma. Nesse caso, o papel do terapeuta é ajudar o paciente a morrer com dignidade, livre do medo. É preciso lembrar que a morte cura e purifica: que é ela o supremo agente de cura. Cada um de nós encarna com o propósito de equilibrar certa quantidade de karma, e o modo que cada um escolhe para fazer isso é absolutamente individual.

CAPÍTULO 8

Proteção e Limpeza

Antes de começar a trabalhar com o paciente, é bom que o terapeuta cuide da própria proteção. No dicionário, a definição de "proteger" é: "defender o corpo físico do perigo, da perda ou do dano". É pouco provável que, como terapeutas, tenhamos necessidade desse tipo de proteção. Então, o que precisamos proteger e por quê? Precisamos proteger nossa energia física, psíquica e espiritual para que ela não seja drenada pelas pessoas que entram em contato com ela.

Quanto maior a sensibilidade, maior a necessidade de proteger essa energia. Pessoas sensíveis costumam ficar esgotadas depois de fazer compras em lugares lotados ou depois de assistir a um jogo de futebol ou a um concerto. Na verdade, sua energia foi drenada. Sem saber, a multidão agiu como um mata-borrão, absorvendo a energia das pessoas mais sensíveis pelos tentáculos lançados em sua aura. Com certeza algum paciente ou amigo já descarregou alguma vez seus problemas em você. E depois agradeceu, dizendo que estava se sentindo muito melhor. Só que você ficou exausto porque, infelizmente, essa pessoa encheu o próprio vazio com a sua energia. Se isso acontecesse com regularidade, você logo ficaria doente.

Os seres vivos têm à sua volta um campo eletromagnético: a aura. Quando nosso campo entra em contato com outro, ele recebe uma vibração. Essa vibração é captada pelo sistema nervoso e interpretada como negativa ou positiva. É assim que reagimos à energia presente nas casas, no campo e em locais de beleza excepcional. A arte da proteção consiste em tomar consciência dessas energias, absorvendo as que são benéficas e isolando as que não são. Já ouvi dizer que é preciso aprender a "refrear" a energia negativa dos outros seres humanos para impedir que sejam projetadas em nós. Sinto que isso é um erro, uma forma sutil de manipulação. Nossa tarefa é aprender a dominar nossa própria energia, não a energia de outros seres humanos.

MÉTODOS DE PROTEÇÃO

Cada um deve escolher o seu método de proteção. O que funciona para um pode não ser eficaz para outro. Assim, é uma boa idéia consultar outros livros sobre os métodos apresentados neste capítulo e selecionar aquele que lhe parecer o mais eficaz. Depois, se quiser, você pode experimentar outras técnicas ou usar proteções diferentes em situações específicas.

Seja como for, o importante é lembrar de se proteger no começo de cada dia. Quando eu trabalhava com Lily Cornford na Maitreya School, ela sempre perguntava se eu tinha me protegido. Um dia, eu lhe disse que, trabalhando com energias universais para o bem dos outros, achava que estávamos automaticamente protegidas. Ela parou o que estava fazendo, voltou os olhos para mim e disse: "Minha filha, Deus ajuda quem se ajuda". Na época, não entendi direito, mas agora entendo. Se o poder superior da luz universal nos desse proteção automática, não teríamos livre-arbítrio nem seríamos nosso próprio mestre.

A Cruz Grega de Luz no Círculo de Luz

Este símbolo potente é usado desde a antigüidade e continua em uso. A chamada cruz grega, que tem os quatro braços do mesmo comprimento, representa os quatro cantos do globo e os quatro elementos: terra, água, ar e fogo. Simboliza o domínio de Deus sobre tudo e revela secretamente o Seu Reino no trabalho do agente (ver ilustração).

Cruz grega

O plexo solar é uma região muito sensível, por onde a energia pode escoar. Por isso, antes de enfrentar uma multidão ou tratar um paciente, trace com os dedos, sobre essa parte do corpo, a cruz de luz dentro do círculo de luz.

Isso vai impedir que suas energias sejam drenadas e que a desarmonia do paciente passe para você. Se esquecer de traçar a cruz antes de o paciente entrar na sala, visualize-a mentalmente mesmo na presença dele. Para fazer a cruz e o círculo, estenda o indicador e o dedo médio da mão direita, dobre o anular e o mínimo sobre a palma da mão e ponha o polegar sobre suas unhas.

Selando o plexo solar, selamos o plano astral e o plano emocional do nosso ser. Impedimos assim que as emoções obstruam o fluxo da energia de cura e levamos a energia vibracional para o plano da mente e do espírito, onde nosso foco deve ficar, especialmente quando trabalhamos com a cura por contato.

Para dar poder a esse símbolo, recite o seguinte mantra ao traçá-lo no plexo solar:

"Diante de mim está Rafael,
Atrás de mim Uriel,
À minha direita Miguel,
À minha esquerda Gabriel,
Porque à minha volta brilha o pentagrama e no seu centro está a coluna com a estrela de seis pontas".

Gabriel, Rafael, Miguel e Uriel são quatro dos arcanjos responsáveis por trazer mensagens da luz universal para a humanidade. Eles nos dão luz, força, amor e inspiração para uso diário. Gabriel é o mensageiro da palavra de Deus e nos ajuda a encontrar nossos talentos e a verdade interior. Rafael é o anjo da cura, responsável pela cura da terra e de seus habitantes. Miguel é o guerreiro cuja luz triunfa sobre a escuridão da negatividade e nos ajuda a encontrar nossa luz interior. Uriel é o regente do sol, que nos ajuda a detectar a luz interior em todas as pessoas e a nos transformar em canais por onde flui a energia de cura do universo.

O pentagrama representa a figura de um homem com pernas e braços estendidos. Como o círculo, tem o poder de deter as energias negativas. A estrela de seis pontas representa a criação: combina as energias masculinas e femininas e os triângulos do fogo e da água.

Visualização com uma Folha de Vidro

Quando as energias do paciente são muito fortes, visualize uma folha de vidro para separá-lo de você. Você consegue ouvir e ver através do vidro, mas o magnetismo do paciente não o atinge. Visualize a folha de vidro até que ela lhe pareça absolutamente tangível.

Use essa visualização quando trabalhar com o instrumento de cromoterapia (ver páginas 181-3). Ao usar esse instrumento, é importante ficar na sala com o paciente, mas sem absorver as cores com que ele está sendo tratado. Isso costuma ter um efeito adverso, especialmente se você tratar vários pacientes num mesmo dia, cada um com uma cor diferente. Para se proteger das energias vibracionais dessas cores, visualize uma folha de vidro entre você e o instrumento de cromoterapia. Assim, você vai interagir com o paciente sem ser penetrado pelas cores.

Proteção Durante o Aconselhamento

Para conversar com um paciente que parece minar sua vitalidade, sente-se na cadeira com os dois pés no chão, um em contato com o outro. Entrelace os dedos e ponha as mãos dobradas sobre o plexo solar, com os cotovelos pressionando os lados do corpo. Essa postura transforma seu corpo num circuito fechado, impedindo que você perca energia.

Capas de Proteção

Imagine-se pondo uma capa: ela é azul do lado de dentro e cinza-azulado do lado de fora, vai até o chão, tem um capuz e é fechada na frente. O forro azul passa uma maravilhosa sensação de paz e tranqüilidade, enquanto o lado cinzento impede a passagem das energias negativas.

Asas douradas também são uma boa proteção. Imagine que você tem grandes asas douradas brilhando nas costas. Quando sentir a presença de energias negativas ou necessidade de se proteger, dobre suavemente as asas sobre o corpo.

Experimente criar uma bolha de proteção. Cada vez que inspirar, encha o corpo com luz dourada, da cabeça aos pés. Cada vez que expirar, imagine essa luz dourada saindo pelos poros e entrando na aura, até que você fique encapsulado numa bolha de luz dourada. Assim como no caso da folha de vidro, você consegue enxergar através da bolha de proteção, mas nada nem ninguém consegue entrar sem ser convidado.

Uma de minhas alunas teve uma experiência muito interessante com essa visualização. Seu neto costuma visitá-la nos fins de semana e gosta de ficar no seu colo para ouvir histórias. Antes de uma visita, ela se protegeu como de costume. Quando pegou o neto no colo, ele começou a gritar, querendo descer. Ela ficou muito perturbada, mas só entendeu o que tinha acontecido na aula do fim de semana seguinte, quando relatou o ocorrido. Como as crianças são muito sensíveis às energias dos outros, o neto se sentiu isolado pela bolha de luz dourada e não gostou da sensação. Se ela soubesse disso, poderia ter visualizado uma portinha na bolha de proteção para o neto entrar.

Sal e Água

O sal e a água purificam e absorvem a energia negativa. O sal é uma estrutura cristalina capaz de absorver qualquer energia negativa à sua volta. É o emblema do elemento terra e está relacionado ao corpo físico e ao corpo astral.

Na época greco-romana, o sal tinha um papel importante nos sacrifícios. Considerado apotropéico, era posto nos lábios dos bebês de oito dias para espantar os maus espíritos. Hoje em dia, os japoneses ainda costumam espalhar sal pela casa quando entra alguém com energias negativas.

A água é a contrapartida da luz e tem o poder de dissolver, purificar e infundir vida nova. No batismo, é usada para lavar a vida antiga e santificar a nova. Assim como a luz penetra a escuridão da negatividade, do medo e do ódio e nos guia para o que é positivo, a água, que é luz líquida, lava qualquer negatividade.

LIMPE-SE DA NEGATIVIDADE

Depois de um dia difícil, tratando pacientes envoltos em muita negatividade, sentimos que atraímos parte dessa energia. Nesse caso, um bom remédio é um banho com sal.

Quando tomamos banho, de imersão ou chuveiro, o que importa é a intenção. Se a intenção é limpar o corpo físico, só ele fica limpo, mas se é limpar também a aura, é isso que acontece. Quando tomamos banho para nos limpar da negatividade que contraímos durante o dia, é bom transformar esse banho num ritual, sem esquecer a intenção.

Método

Deixe ao lado da banheira um potinho com duas colheres grandes de sal para pôr na água. O ideal é usar sal de rocha, extraído de uma mina. Se for impossível, use sal marinho, embora a poluição prejudique a pureza desse sal. Há um procedimento para abençoar o sal e a água:

PRIMEIRO PASSO: DIGA O GAYATRI

Tu que dás sustento ao universo,
De quem todas as coisas procedem,
Para quem todas as coisas voltam,
Revela-nos a face do verdadeiro sol espiritual,
Oculto por um disco de luz dourada,
Que nos seja permitido conhecer a verdade

E cumprir nosso dever
Na jornada até Teus pés sagrados

SEGUNDO PASSO

Despeje o sal na banheira e faça o sinal da cruz grega sobre o sal e a água. Abençoe-os três vezes, evocando aquilo que deseja (limpeza, purificação ou proteção). Na primeira, peça que a bênção se realize, na segunda, as energias criadas pela bênção começam a se infiltrar na água, e na terceira a bênção fica selada na água. Durante a bênção, a mão deve ficar estendida sobre a água, com os dedos juntos e o polegar formando um ângulo reto com o indicador.

Agora, é só entrar na banheira.

Ponha um pouco da água salgada e abençoada numa tigela e leve-a para a sala de terapia para mergulhar os dedos sempre que tratar pacientes com doenças sérias ou com a aura carregada de energia negativa. A água salgada lava dos dedos a energia acumulada que você pegou do paciente.

Antes de começar o tratamento, ponha a tigela com água salgada perto de uma vela acesa. Assim, você e o paciente ficam protegidos. No caso de doenças sérias, como câncer ou Aids, é bom lavar as mãos e os braços, até os cotovelos, na água salgada.

O PODER DA PRECE

Não se deve desprezar o poder da prece. Sempre que necessário, visualize uma cruz de luz e invoque o nome da energia de Cristo se for cristão, ou um símbolo sagrado e o nome de uma divindade associada à sua religião ou caminho esotérico. A força do amor e da luz universal é uma energia que equilibra, cura, redime e purifica, devendo ser invocada sempre que estiver em questão um ser humano, encarnado ou desencarnado.

Tive, há muitos anos, uma experiência do poder da prece. Estava meditando de manhã quando percebi uma presença escura no quarto. Visualizei uma cruz de luz entre mim e essa presença, e ela logo se dissolveu.

PÉS NO CHÃO

Quando trabalhamos com pessoas, principalmente num contexto de cura, precisamos ter os dois pés bem plantados na terra e total integração com o corpo físico. Senão, ficamos suscetíveis às energias negativas e a canalização fica prejudicada, pois ela exige a capacidade de trabalhar com as energias da terra e as energias espirituais. Pratique o exercício a seguir quando sentir necessidade de ficar mais ligado à terra.

Com os Pés no Chão

Fique descalço na terra. Se não der, faça uma visualização. Imagine que você é como uma árvore, com raízes que penetram na terra e galhos que se erguem à luz do sol.

Ao inspirar, traga um raio de luz branca para o chakra da coroa e imagine-o fluindo pelo seu corpo, passando pelos outros chakras maiores, descendo pelas pernas até os pés. Ao expirar, veja essa energia saindo pelos pés e penetrando na terra através das raízes imaginárias. Ao inspirar, faça-a subir pelas raízes, entrar pelos pés e subir pelo corpo até a cabeça. Ao expirar novamente, leve-a de volta ao universo pelo chakra da coroa.

Quando sentir necessidade de se ligar mais à terra mas não tiver tempo para o procedimento acima, ponha um pouco de sal de rocha no bolso. Assim, sua ligação com a terra vai ficar favorecida.

O ESPAÇO DE CADA UM

Como vivemos cercados de outros seres humanos, é vital ter espaço para sentir o próprio campo de energia. Quietos nesse espaço, podemos verificar nosso nível de energia, examinar a aura em busca de qualquer negatividade que tenhamos atraído e sentir se estamos firmes no chão. É como verificar o armário da cozinha para ver o que está faltando. Esse exercício de visualização vai ajudá-lo a criar esse espaço interior, onde você vai poder descansar e refletir.

A Sala Interior

Sente-se confortavelmente num lugar tranqüilo, concentrando-se na respiração. Faça com que as inspirações e expirações tenham a mesma duração, pois isso vai ajudá-lo a relaxar e a aquietar a mente, livrando-a do constante bombardeio de pensamentos.

Quando estiver pronto, visualize-se de pé num corredor. No fim desse corredor há uma porta: vá até ela. Chegando lá, abra a porta e entre na sala, que pode ter a forma que você quiser.

Examine a sua sala e imagine a localização de portas e janelas. Visualize-as em detalhes, assim como a paisagem que se vê através delas. Examine o teto e, se quiser, instale uma luminária. Pinte as paredes com suas cores favoritas ou, se preferir, cubra-as com papel. Quando terminar, veja se o chão precisa de algum revestimento. Ponha cortinas ou persianas nas janelas. Finalmente, ponha o que quiser na sala: móveis, almofadas, velas, incenso ou uma pequena fonte.

Admire a sua criação. Veja se quer fazer alguma modificação.

Você acabou de criar uma sala imaginária, onde vai poder se retirar sempre que quiser, um lugar para ficar só. Se quiser a companhia de alguém, imagine essa pessoa na sua sala. Sempre que precisar de espaço, sente-se tranqüilamente e imagine-se nesse lugar especial.

LIMPEZA

Limpar é o ato de tirar as energias negativas de uma casa, de uma sala ou de um espaço qualquer. É bom fazer uma limpeza quando mudamos de casa ou depois de tratar um paciente muito negativo. A limpeza física da sala de terapia é muito importante. Nem todos os pacientes sensíveis se protegem, ficando expostos às energias negativas deixadas por outros pacientes.

Para livrar a casa de uma atmosfera psíquica ruim, espalhe alho à noite e no dia seguinte recolha e queime esse alho. Rosas e folhas de menta agem como anti-séptico contra influências psíquicas: o perfume dessas plantas, assim como o das frésias, guarda a energia positiva e dissipa a negativa.

Numa sala com energia particularmente ruim, ponha uma grande ametista no centro e deixe-a ali com a porta fechada, por uma semana ou até por um mês. Durante esse tempo, ninguém deve entrar na sala. O cristal vai perder a cor e ficar quase branco. Enterre-o no jardim, onde ele deve ficar durante uns três meses para recuperar a cor. (Não se esqueça de marcar o local em que o enterrou para localizá-lo depois.)

Há outro método para limpar a casa: prepare uma tigela de água salgada e a abençoe como foi descrito na página 137. Mergulhe as mãos na solução, respingue um pouco em cada canto da sala e faça o sinal da cruz grega. Repita o procedimento em cada porta, do lado de dentro e de fora. Finalmente, faça o sinal no centro da sala ou, se estiver limpando a casa inteira, no centro de todos os cômodos, incluindo sótão e porão. Quando terminar a limpeza, queime incenso de boa qualidade pela casa.

Se preferir usar a visualização, entre na sala que precisa de limpeza e visualize um pano violeta cobrindo o chão. Imagine agora que esse pano começa a flutuar e subir para o teto, levando com ele todas as energias negativas. Quando ele estiver perto do teto, visualize quatro anjos, um em cada canto: eles pegam o pano, saem pela janela e jogam o pano no fogo.

Cortar as Amarras: Uma Forma de Proteção

Um relacionamento íntimo entre duas pessoas forma amarras ou cordas que as unem. É o mesmo tipo de vínculo que une a mãe ao filho. Essas amarras parecem tubos finos e flexíveis, através dos quais a energia flui. Saem do coração, do plexo solar ou dos dois, dependendo da natureza do relacionamento. No caso de mãe e filho, as amarras saem do coração. É ao longo dessas amarras que duas pessoas interagem entre si no nível psíquico. Quanto mais tempo tiver durado o relacionamento, mais fortes elas são.

Esses vínculos podem ser de natureza positiva ou negativa. São positivos quando as duas pessoas se respeitam, mas podem se tornar negativos quando o relacionamento acaba mas uma das partes tenta segurar a outra. É também o caso da mãe que quer prender o filho adulto, às vezes em detrimento da família dele. Em circunstâncias normais, esses vínculos começam a se desintegrar com o fim do relacionamento, a menos que as duas partes resolvam mantê-los intactos por meio da amizade.

Quando, terminado o relacionamento, uma das partes percebe que está sendo influenciada pela outra e descobre que as técnicas de proteção descritas neste capítulo não estão funcionando, ela pode romper as amarras usando a visualização. Assim, as duas partes vão se libertar para viver a própria vida. A visualização a seguir costuma ser muito eficaz.

Cortar as Amarras

Imagine-se sentado diante de um cristal índigo. Concentre-se no cristal: ele está crescendo. Quando ele estiver do tamanho de uma saleta, levante-se e procure uma porta na sua superfície. Abra essa porta e entre por ela numa sala de cristal banhada em luz índigo.

Na sala há duas cadeiras, uma de frente para a outra. Vá até à cadeira à sua esquerda e sente-se em silêncio por alguns momentos. Deixe que os raios de luz índigo penetrem em seu ser para liberar a tensão e o medo.

Quando estiver calmo e relaxado, visualize a pessoa de quem precisa se desvincular: ela entra na sala de cristal por uma porta que fica diante da que você usou, atravessa a sala e senta-se na cadeira diante da sua. Observe de onde saem as amarras que o prendem a essa pessoa.

No chão, à direita da sua cadeira, há uma sacola com ferramentas: tesoura, serrote e um pote de bálsamo. Escolha a que preferir, corte as amarras e depois guarde as ferramentas na sacola. Segure as amarras pelas pontas e puxe as raízes de dentro de você. Peça à outra pessoa para fazer o mesmo. Se ela não quiser, tudo bem: você está livre de sua influência.

Pegue o pote de bálsamo e passe na ferida deixada pelas raízes. Depois, ofereça-o à outra pessoa, caso ela também tenha arrancado as amarras.

Finalmente, visualize a outra pessoa envolta em luz dourada. Ela se levanta e sai pela mesma porta.

Pegue então todas as raízes, as suas e as da outra pessoa, e jogue tudo no fogo aceso junto à porta. Saia da sala de cristal em paz e livre para continuar sua vida.

Com a vida corrida que muitas pessoas levam, é fácil esquecer de se proteger. A solução é criar o hábito de se proteger logo ao acordar, usando um método potente, que dure 24 horas. Isso é importante principalmente para quem trabalha com o público ou para quem anda de metrô ou de ônibus lotado. É bom também proteger o carro antes de viajar. Eu já comprovei a eficácia dessa proteção. Quando entro no carro, peço que a luz dos anjos, dos arcanjos e de Cristo me proteja durante o dia. Depois, visualizo um círculo de luz cósmica envolvendo o carro.

Sinto que chegou o momento de cada um aprender a ser o senhor da própria energia, sabendo como protegê-la e como limpar as energias do ambiente com a forte vibração das energias da luz. Assim, poderemos conviver com pessoas de todos os tipos e nos envolver em todos os tipos de situações. Para saber se uma técnica de proteção funciona, observe durante alguns meses as mudanças que ela traz para a sua vida.

CAPÍTULO 9

Cura por Contato com a Energia Prânica

Em todas as culturas tradicionais, a vida é uma força de energia ilimitada que reside nos objetos físicos durante certo tempo. Os gregos a chamavam de *pneuma*; os indianos antigos, de *prana*; os japoneses, de *Qi*; os chineses, de *chi*; e os nativos norte-americanos, de "fluxo do espírito".

Há muitas práticas que visam intensificar a força vital, usadas por ordens religiosas como base da vida espiritual. Os manuscritos do Mar Morto revelaram que havia na cultura essênia, uma seita judaica cujos membros levavam uma vida ascética no deserto, um treinamento formal de imposição das mãos, sendo que alguns membros dessa comunidade tinham muito talento para essa técnica de canalização de energia. As pinturas dos nativos norte-americanos mostram cenas de imposição das mãos, e na Ásia ainda se usa essa técnica de cura. Um dos objetivos da yoga é usar o prana para fortalecer e vitalizar o corpo, principalmente pelo controle da respiração. A filosofia taoísta, a acupuntura e as artes marciais, que visam à força, à saúde, à sabedoria e ao poder pessoal, têm como base a compreensão e a utilização da força vital.

Atualmente, alguns cientistas pesquisam essa sabedoria antiga examinando os efeitos da imposição das mãos em animais, crianças e adultos. Esses estudos demonstram que a cura por contato aumenta as ondas alfa do cérebro, o que induz o relaxamento, diminui o *stress*, melhora a respiração, o equilíbrio hormonal e as funções intestinais, reduz os níveis de colesterol e fortalece o sistema imunológico.

Em 1961, o *International Journal of Parapsychology* publicou um artigo do dr. Bernard Grad, da McGill University, em Montreal, chamado "The Influence of an Unorthodox Method of Wound Healing in Mice". Segundo esse artigo, as feridas dos ratos tratados por contato cicatrizaram mais depressa do que as feridas tratadas da maneira convencional. O artigo mostra também que as plantas crescem mais depressa e produzem mais clorofila quando tratadas por contato. Eu também tive a oportunidade de observar o efeito desse tratamento em plantas e animais.

A dra. Dolores Krieger, pioneira do Toque Terapêutico, escreveu em 1979 um artigo chamado "Therapeutic Touch: Searching for Evidence of Physiological Change", que foi publicado no *American Journal of Nursing*. Nesse artigo, ela relata que houve um aumento de hemoglobina nos pacientes que fizeram o tratamento. Em 1987, a dra. Janet Quinn publicou no mesmo jornal um artigo chamado "One Nurse's Evolution as Healer". Nele, ela diz que os pacientes tratados com o Toque Terapêutico apresentaram uma proporção melhor entre as células CD4, as células T, que dirigem a reação imunológica contra um antígeno (uma substância que provoca a formação de anticorpos), e as células CD8 (que bloqueiam o sistema imunológico). Essas descobertas são de particular importância para os portadores do vírus HIV: nesses pacientes, a diminuição de células CD4 e o aumento das células CD8 provoca um declínio do sistema imunológico, que deixa de reagir às células cancerígenas. (Ver também o livro da dra. Krieger, *Living the Therapeutic Touch: Healing as a Lifestyle*, Dodd, Mead & Co., 1987.)

Outro pioneiro nesse campo é o professor Robert Becker, ortopedista e ex-professor do Upstate Medical Center, de Nova York. Ele demonstrou que há no campo áurico uma inteligência que controla o crescimento, o desenvolvimento e a saúde das células e dos tecidos. Com a ajuda de outros cientistas, provou que o corpo humano é animado por uma rede complexa de energia elétrica. Partindo desse princípio, trabalhou com várias técnicas, incluindo a cura por contato. Segundo ele, quando essa energia é estimulada, o sistema imunológico, o sistema endócrino e o sistema nervoso são fortalecidos, despertando o poder de cura do próprio corpo. No livro *Cross Currents: The Perils of Electropollution, the Promise of Electromedicine* (Jeremy P. Taroher, 1990), ele explica como o corpo regula suas funções básicas por meio de sistemas elétricos de controle, sendo que o fluxo dessas correntes elétricas produz campos magnéticos mensuráveis. Ele afirma que tem o dom da cura quem consegue fazer com que o próprio campo eletromagnético interaja com o do paciente, e conclui: "Essa interação deve restaurar o equilíbrio das forças internas ou reforçar os sistemas elétricos para que o corpo volte ao seu estado normal".

Acredito que a teia complexa de que fala o professor Becker são os *nadis* contidos na camada etérica da aura e que a corrente elétrica é o *prana* que flui por eles. Na cromoterapia, trabalhamos com a cura por contato, só que usando as freqüências específicas que constituem o prana, ou seja, a cor.

SENSIBILIDADE À COR E AO PRANA

A cromoterapia por contato exige sensibilidade às energias vibracionais da cor e da corrente elétrica, o *prana*. Temos que aprender a canalizar essa energia para o paciente e a nos revitalizar nesse processo. A sensibilidade adquirida com essas práticas nos permite sentir a aura durante a cura. Os exercícios apresentados abaixo aguçam a sensibilidade à energia prânica e à cor e aumentam a reserva de energia. Para isso, é preciso praticá-los com regularidade.

Mãos mais Sensíveis ao Prana

Sente-se em silêncio e junte as palmas das mãos. Sinta os pontos em que elas se tocam e observe as sensações que passam de uma para a outra. Afaste-as suavemente e visualize, como luz branca, a energia prânica que se acumula no espaço entre elas, que deve ser de cerca de oito centímetros. Essa energia dá a sensação de uma leve pressão que afasta as mãos uma da outra. À medida que a energia prânica for aumentando, vá afastando as mãos até segurar entre elas uma bola grande de luz branca.

Quando sentir que a bola atingiu seu tamanho máximo, transfira-a para qualquer parte do corpo que estiver desconfortável ou doendo. Ponha as mãos no local e visualize a bola de luz prânica ser absorvida pela dor ou desconforto. Repita o exercício até que o desconforto comece a passar.

Trabalho com Respiração e Visualização

Visualização Prânica na Cadeira

Sentado confortavelmente numa cadeira, com a sola dos pés no chão e as mãos nos joelhos, libere a tensão do corpo físico. Relaxado e com a coluna reta, comece o exercício respirando normalmente e se concentrando na respiração. Aos poucos, comece a inspirar e a expirar mais profundamente. A cada inspiração, visualize uma luz branca intensa entrando pelo nariz e fluindo para o plexo solar. Continue até que o plexo solar se transforme numa bola de energia brilhante.

Coloque agora as pontas dos dedos no plexo solar. Continue a levar o *prana* para o plexo solar, mas a cada expiração veja a luz branca entrar pelas pontas dos dedos, passando do plexo solar para as mãos.

Quando suas mãos estiverem radiantes, transfira a luz para qualquer parte do corpo que esteja dolorida ou desequilibrada. Expire lentamente e visualize a luz prânica branca fluir das pontas dos dedos para a parte do corpo que você escolheu. Depois, ponha novamente os dedos no plexo solar e repita o procedimento até que a dor ou mal-estar diminua.

Visualização Prânica — em Pé

Com os pés levemente separados e as mãos ao lado do corpo, expire longamente para livrar os pulmões do ar estagnado. Inspire devagar, vá erguendo os braços e visualize uma pequena bola de energia prânica que começa a se formar no plexo solar. Continue a inspirar lentamente, até que as palmas das mãos se encontrem acima da cabeça. Os braços devem ficar retos. Segure a respiração contando até cinco e concentre-se na bola de luz branca que se forma no plexo solar. Expire lentamente, baixando os braços para a posição original. Repita o processo acima até que a bola de luz prânica branca encha o plexo solar.

Agora, com os braços caídos e o corpo relaxado, visualize essa bola de luz enviando raios de energia prânica para todas as partes do corpo. Procure sentir o quanto foi energizado.

Acrescente a Cor

É possível acrescentar a cor aos dois exercícios acima. No primeiro, depois que o plexo solar se transformou numa bola brilhante de energia, visualize a cor que quiser permeando essa luz. Nessa visualização, o vermelho, o laranja e o amarelo devem vir da terra, entrar pela sola dos pés e subir até o plexo solar, o verde deve entrar horizontalmente pelo chakra do coração e ir para o plexo solar, o turquesa, o azul, o índigo, o violeta e o magenta devem entrar pelo topo da cabeça e descer até o plexo solar. Ponha os dedos sobre o plexo solar e, quando suas mãos estiverem cheias da cor que você escolheu, transfira-a para as partes do corpo em que ela é necessária.

Para acrescentar a cor ao segundo exercício, siga as instruções acima até que o plexo solar se encha de luz branca. Com os braços caídos e o corpo relaxado, visualize a cor que você escolheu entrando na bola de luz branca até que ela brilhe como um sol colorido e irradie seus raios de cor para todas as partes do seu corpo.

RESPIRAÇÃO ALTERNADA PELAS NARINAS

O mundo exterior está cheio de manifestações do princípio positivo-negativo, sendo que deve haver certo equilíbrio entre esses dois pólos. Da mesma forma, deve haver equilíbrio na interação das correntes positivo-negativas dos dois nadis principais: *pingala* (positivo) e *ida* (negativo). Esses dois nadis saem do chakra da base e terminam no chakra da fronte, circulando em direções opostas em torno dos chakras que ficam no seu percurso. Há um exercício respiratório que ajuda a equilibrar essa corrente prânica positivo-negativa: a respiração alternada pelas narinas, ou *sukh pavak*.

Sukh pavak

Sente-se confortavelmente numa cadeira com a sola dos pés no chão, a coluna ereta e o corpo relaxado. Com a mão esquerda sobre o joelho, leve o polegar direito até a narina direita, os dedos médio e indicador até o meio da testa, logo acima das sobrancelhas, os dedos anular e mínimo até a narina esquerda. Pressione a narina direita com o polegar e inspire pela narina esquerda contando até seis. Pressione a narina esquerda com os dedos anular e mínimo e expire pela narina direita contando até seis. Com a narina esquerda fechada, inspire pela narina direita contando até seis e depois pressione a narina direita com o polegar, abra a narina esquerda e expire por ela contando até seis. Sem parar, inspire pela narina esquerda contando até seis, completando assim uma série de movimentos respiratórios.

Sem pausas, faça mais dez séries.

Quando terminar, ponha as mãos nos joelhos e respire normalmente, observando como está se sentindo.

A respiração alternada pelas narinas equilibra o fluxo positivo e negativo do *prana* pelos nadis *pingala* e *ida* e rejuvenesce o sistema nervoso.

Depois de praticar bastante este exercício, visualize-se inspirando a luz branca brilhante do prana e, a cada expiração, veja essa energia permeando a rede de nadis que forma o corpo etérico.

EXERCÍCIO COM UM PARCEIRO

Este exercício vai ensiná-lo a canalizar energia para outra pessoa. Nos estágios iniciais, trabalhe apenas com luz branca, mas quando se sentir mais confiante, pergunte ao seu parceiro qual é a cor que o atrai mais. Usando a mesma técnica, comece a canalizar essa cor.

Canalize Energia para os Outros

Sente-se confortavelmente numa cadeira, de frente para o seu parceiro, com a sola dos pés apoiada no chão. Seu parceiro deve apoiar a mão esquerda no joelho esquerdo, com a palma voltada para o teto, e a mão direita no joelho direito, com a palma voltada para baixo. Ponha a mão direita em cima da mão esquerda do seu parceiro e a mão esquerda sob a sua mão direita. Respire lentamente por alguns instantes, para acalmar a mente e relaxar o corpo.

Quando estiver pronto para começar, concentre-se no topo da sua cabeça, visualizando ali um raio de luz branca. Ao inspirar, leve esse raio de luz para o chakra do coração, permeando-o de amor incondicional. Ao expirar, faça essa luz descer pelo braço até o chakra da palma da mão direita. Visualize-a então sendo transferida para a mão esquerda do seu parceiro, de onde sobe pelo braço esquerdo até o chakra do coração e desce pelo braço direito até o chakra da mão direita. Desse chakra, ela passa para a sua mão esquerda, sobe por seu braço esquerdo e volta para o chakra do coração, completando um circuito de energia prânica.

A cada inspiração, leve luz branca para o chakra do coração e, a cada expiração, visualize essa luz fazendo o circuito que foi criado.

Pratique esse exercício durante dez a quinze minutos. Interrompa o circuito tirando as suas mãos das mãos do seu parceiro e pondo-as sobre os joelhos. Discutam a experiência e as dificuldades que encontraram.

Depois de praticar bastante, vocês podem trabalhar com a cor que seu parceiro prefere. Neste caso, o vermelho-alaranjado e o amarelo entram pelos pés e vão para o chakra do coração. O verde entra horizontalmente no chakra do coração, e as cores acima do verde entram no coração pela cabeça.

APRENDA A SENTIR A COR

Para trabalhar com as energias vibracionais das cores, é importante aprender a sentir e a reconhecer a energia de cada uma delas.

Sinta a Cor

Para aprender a sentir as cores, providencie pedaços de tecido tingidos com as doze cores terciárias (você pode tingir o tecido, conseguindo assim o tom exato de que precisa).

Sente-se num lugar calmo e aquecido e espalhe os pedaços de tecido à sua volta. Ponha um de cada vez na palma da mão esquerda e posicione a mão direita acima dele, a uns sete centímetros de distância. Com os olhos fechados, procure sentir na mão direita a energia da cor que está segurando. Entre uma cor e outra, ponha as duas mãos no chão e dedique à terra a energia que restou da última cor. Se não fizer isso, a energia vibracional das cores vai se acumular na sua mão, fazendo que fique muito difícil detectar a energia vibracional de cada uma delas. Anote as sensações provocadas por cada uma das cores.

Esse mesmo exercício pode ser feito com flores ou cristais. Nesse caso, junte flores ou pedaços de cristal colorido, variando ao máximo as cores. Pode ser que não consiga as doze, mas as cores das flores e dos cristais são mais vibrantes, sendo mais fácil sentir sua energia.

CAPÍTULO 10

Cromoterapia por Contato: Um Tratamento Passo a Passo

A cromoterapia por contato é a associação da cor ao Toque Terapêutico, uma arte derivada da antiga prática de imposição das mãos. No Toque Terapêutico, o terapeuta canaliza a energia vital, ou prana, através das mãos, com o intuito de liberar bloqueios de energia, equilibrar o ritmo e ajudar o receptor a assimilar o prana que é canalizado. Essa prática exige que o terapeuta desenvolva a sensibilidade à energia sutil, ou aura, que envolve e interpenetra o corpo físico. Além disso, ele deve aprender a concentrar a mente, o que se faz com a meditação.

No Toque Terapêutico, são canalizadas todas as cores que constituem o prana. Na cromoterapia por contato, são canalizadas as energias vibracionais das cores específicas relacionadas a cada órgão ou sistema do corpo físico: as cores genéricas ou terapêuticas.

O tratamento passo a passo apresentado neste capítulo evoluiu de técnicas ensinadas na Maitreya School of Healing e é um dos métodos ensinados na The Oracle School of Colour. É um método interessante para quem pratica o Toque Terapêutico ou o Reiki.

A sala de terapia deve estar limpa, arrumada e ter uma atmosfera relaxante. As cores usadas na decoração são importantes, devendo predominar o azul e o violeta pálido. Ela deve conter apenas os objetos necessários à sessão: uma cama ou mesa de terapia, instrumentos usados no tratamento, duas cadeiras, uma mesinha e um arquivo para as fichas dos pacientes.

No início do tratamento, o primeiro passo é anotar os dados pessoais do paciente, seu histórico médico e informações sobre seu estado de saúde. Depois, é o momento de fazer o mapa da coluna e interpretá-lo (ver o Capítulo 6). Antes de começar o tratamento propriamente dito, é bom descrever todos os procedimentos para o paciente, pois não há nada pior para o relaxamento do que ficar deitado numa mesa imaginando o que vai acontecer. O paciente deve então tirar os sapatos, desapertar a roupa e se deitar na mesa de terapia. A mesa deve estar coberta com papel que, por questões de higiene, deve ser trocado para cada paciente. Um travesseiro, também coberto de papel, deve ser posto sob a cabeça do paciente e outro sob os joelhos, caso ele tenha problemas nas costas. Se estiver frio, o paciente pode usar um cobertor branco. Sentir frio durante o tratamento é comum, pois o nível metabólico diminui quando o corpo relaxa.

Enquanto se prepara para começar o tratamento, lembre-se de que você é apenas um canal para as energias de cura. Peça para ser um canal claro e desobstruído e para ser guiado pelo poder divino. Para ajudar outra alma a seguir seu caminho, sua atitude deve ser de humildade e confiança. Não esqueça de se proteger das energias negativas e tenha em mente as seguintes contra-indicações:

Cuidado ao Trabalhar com Doenças Específicas

Glaucoma

O glaucoma é causado pelo aumento da pressão ocular, o que danifica as fibras nervosas da retina e do nervo óptico. Caso se queixe de dor forte nos olhos, o paciente deve ser encaminhado a um oftalmologista.

Tireóide subativa

Quando a tireóide não produz tiroxina em quantidade suficiente, é comum o médico receitar comprimidos de tiroxina. Esses comprimidos são usados também em casos de remoção parcial ou total da tireóide. Como a cromoterapia pode aumentar a produção de tiroxina, pacientes que costumam ingeri-la e ainda têm a tireóide ou parte dela devem ser monitorados pelo médico durante o tratamento. Em certos casos, a quantidade de tiroxina tem que ser reduzida.

Câncer

Tumores da próstata, do útero, dos ovários e alguns tumores de mama costumam ser tratados com medicamentos que aumentam ou bloqueiam a ação de certos hormônios. Esse tratamento, que modifica os níveis hormonais do corpo, tende a evitar ou destruir tumores que são sensíveis a esses níveis. No caso de pacientes nessa situação, não é aconselhável trabalhar com o sistema endócrino ou com os chakras, para não correr o risco de interferir no tratamento prescrito.

Diabetes

Os pacientes que tomam insulina devem ser monitorados depois do tratamento. A cromoterapia tende a ativar as ilhotas de Langerhans, fazendo que produzam mais insulina. Nesse caso, o paciente deve diminuir a quantidade ingerida.

Quando a Cromoterapia é Contra-indicada

Vermelho

Essa cor não deve ser administrada aos que sofrem de asma, pressão alta, hiperatividade, insônia, doenças cardíacas ou em presença de sangramentos. Não é uma cor para ser usada nos olhos, especialmente no caso de pacientes com fadiga ocular.

Laranja

Como estimula o apetite, essa cor é prejudicial para pacientes com distúrbios alimentares. Deve também ser usada com moderação por quem sofre de alguma dependência.

Amarelo

Como estimula a atividade da mente, essa cor prejudica quem sofre de exaustão mental. A exposição a ela pode causar atordoamento.

Azul

O azul como cor principal não é recomendado para quem sofre de depressão ou distúrbios sazonais, pois agrava esses estados. Mas pode ser administrado como cor complementar do laranja. O azul também não é recomendado para quem tem pressão baixa.

PRIMEIRO PASSO

O primeiro passo é limpar a aura da energia estagnada. Comece sempre pela cabeça, que merece atenção especial porque é a sede da alma, a parte mais sagrada do templo corporal. Ponha as mãos a cerca de cinco centímetros da cabeça do paciente, na parte etérica da aura, e desça lentamente para o corpo, procurando detectar a energia estagnada, que em geral provoca sensação de calor, frio ou formigamento. Para dissipar essa energia, canalize pérola ou branco iridescente pelas mãos por alguns segundos. Quando terminar essa parte do tratamento, faça uma pausa de alguns segundos para refletir sobre o que descobriu.

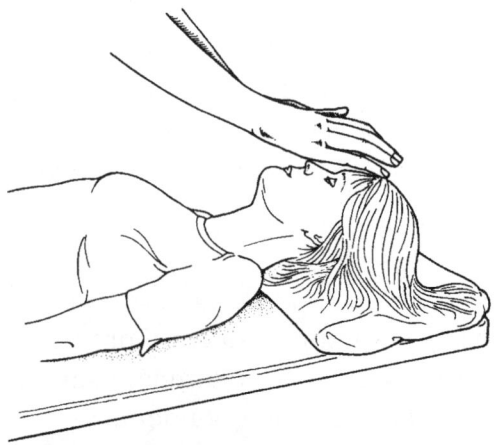

Primeiro passo – Limpeza da aura

Depois de limpar a aura, o passo seguinte é canalizar cor para o corpo. Neste tratamento passo a passo, usamos as cores genéricas, que são as vibrações naturais de cada parte do corpo. Mas, no caso de uma doença específica, as partes afetadas do corpo devem ser tratadas com a cor recomendada particularmente para aquela doença.

Na canalização, visualize a cor entrando no seu corpo e fluindo para o chakra do coração, onde é inundada de amor incondicional antes de fluir para os braços e mãos. O vermelho, o laranja e o amarelo vêm da terra e entram pelos pés, o verde entra horizontalmente no chakra do coração, e o turquesa, o azul, o índigo, o violeta e o magenta entram no corpo pelo chakra da cabeça.

Visualize as cores da natureza, pois as plantas são muito sensíveis ao sol e todas as plantas têm algum grau de fototropismo. Essa sensibilidade ao sol indica que a planta produz cores muito refinadas, próprias para aplicação na cura.

A fusão das vibrações de todas as cores do reino vegetal, unidas por um onipresente subtom de verde, proporciona uma demonstração viva de harmonia. É essa harmonia que buscamos para nossos pacientes. Trabalhando com as cores das flores, transmitimos sua essência de cura para eles. Essa "essência" é a beleza singular, pura e intensa de cada flor, que tem poder de cura e desperta a beleza do paciente. Essa beleza é o mestre de cura interior.

SEGUNDO PASSO

Ponha as mãos sobre o chakra da coroa do paciente e visualize a cor das violetas: ela passa por suas mãos, entra no chakra da coroa do paciente e inunda o cérebro e a glândula pineal.

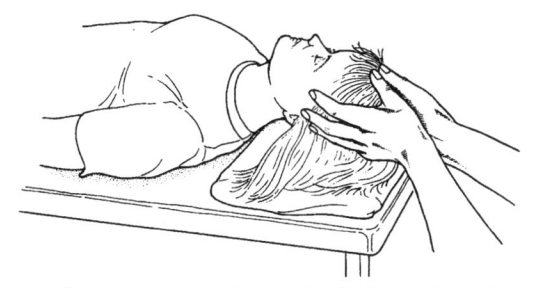

Segundo passo – Tratamento do topo da cabeça

O Cérebro

Protegido pelos ossos do crânio, o cérebro se divide em três partes principais: os hemisférios, responsáveis por funções como fala, memória e inteligência; o cerebelo, que controla a coordenação dos movimentos e o equilíbrio; e o tronco cerebral, que se funde à medula espinhal e mantém as funções vitais do corpo, como a respiração e a circulação. Os sinais nervosos que percorrem a medula espinhal ligam o cérebro ao resto do corpo. O cérebro merece atenção especial no caso de pacientes que sofrem de epilepsia, paralisia cerebral, dores de cabeça, enxaqueca, esclerose múltipla e nevralgia do trigêmeo.

A Glândula Pineal

A glândula pineal fica na parte superior do mesencéfalo e é uma pequena estrutura avermelhada de cerca de dez milímetros de comprimento. A secreção de melatonina dessa glândula é afetada pela luz e em alguns animais controla a hibernação e a atividade sexual. Nos seres humanos controla o ritmo do corpo ao longo das 24 horas do dia, induz o sono e influencia o humor.

TERCEIRO PASSO

Ponha as mãos sob a cabeça do paciente com os dedos sobre o chakra alta maior. Visualize a cor dourada dos narcisos entrando por esse chakra e descendo pela medula espinhal para energizar o sistema nervoso.

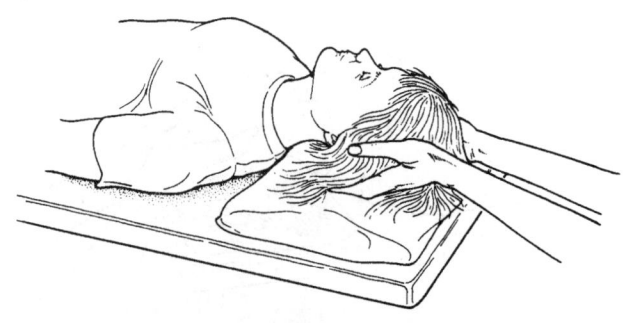

Terceiro passo – Tratamento do chakra alta maior

A Medula Espinhal

O cérebro e a medula espinhal formam o sistema nervoso central. A medula espinhal, uma coluna macia de tecido nervoso, é uma continuação da parte inferior do cérebro e fica protegida pela coluna vertebral. Essa coluna vai da base do cérebro até as nádegas e constitui-se de 33 pequenos ossos, as vértebras. Elas são ligadas por ligamentos fortes e têm discos flexíveis formados por uma substância gelatinosa encapsulada num revestimento fibroso.

Da medula espinhal saem 31 pares de nervos periféricos, que passam por estreitos canais da coluna vertebral e seguem para a cabeça e para o corpo. Os nervos periféricos que vão para o corpo têm o nome das quatro regiões da coluna de onde saem: cervical, torácica, lombar e sacral. Há dois tipos de nervos periféricos. O primeiro tipo são os nervos sensoriais, que transportam impulsos nervosos dos órgãos sensoriais para o cérebro, e o segundo tipo são os nervos motores, que transmitem mensagens do cérebro para os vários músculos do corpo.

Além dos nervos periféricos, há doze pares de nervos cranianos que vão da parte inferior do cérebro para as várias partes do corpo. Alguns dos nervos cranianos mais importantes levam informações dos principais órgãos sensoriais para o cérebro, onde elas são combinadas e interpretadas.

QUARTO PASSO

Com muito cuidado, ponha os dois primeiros dedos de cada mão no chakra da fronte do paciente, que fica entre as sobrancelhas e trabalha com a glândula pituitária. Canalize índigo profundo para esse chakra.

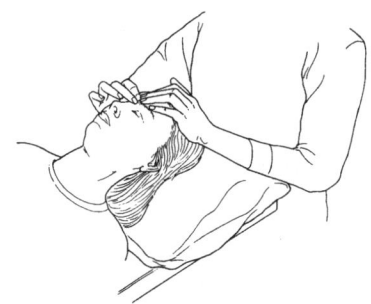

Quarto passo – Tratamento do chakra da fronte

A Glândula Pituitária

A glândula pituitária, que fica logo abaixo do cérebro, é do tamanho de um amendoim. Mas é a glândula mais importante do corpo. Tem um lóbulo anterior e um lóbulo posterior. O lóbulo anterior produz seis hormônios, que estimulam o crescimento, ativam as glândulas mamárias, a tireóide, as supra-renais, os ovários e os testículos. O lóbulo posterior produz hormônios que agem sobre os rins e estimulam as contrações uterinas no parto. Por isso, o chakra associado a essa glândula é um ponto importante no tratamento dos que sofrem de desequilíbrios hormonais.

QUINTO PASSO

Depois de tratar o chakra da fronte, corra os dedos pela testa e desça pelos lados da cabeça até os chakras menores na base dos ouvidos. Visualize primeiro um tom mais claro de índigo entrando nesses pontos e depois trate os ouvidos com essa mesma cor, cobrindo-os com as mãos.

Quinto passo – Tratamento dos ouvidos

Os Ouvidos

Além de serem os órgãos da audição, os ouvidos são vitais para o nosso equilíbrio. Eles têm três partes: o ouvido externo, a parte visível, o ouvido médio, que contém o tímpano, e o ouvido interno. Quando atingem o tímpano, as ondas sonoras o fazem vibrar. Essas vibrações são transmitidas para o fluido do ouvido interno, fazendo-o vibrar também. Essas vibrações estimulam as terminações nervosas que levam impulsos ao cérebro.

SEXTO PASSO

Ainda trabalhando com o índigo, trate os olhos do paciente cobrindo-os delicadamente com a palma das mãos, sem fazer pressão.

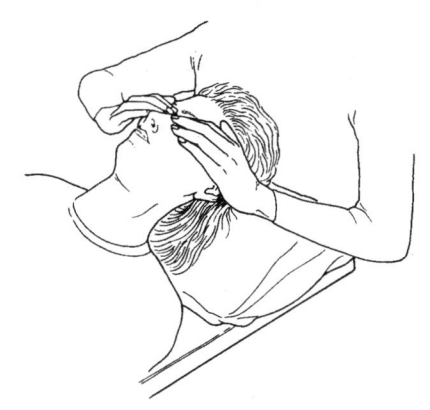

Sexto passo – Tratamento dos olhos

Os Olhos

Os olhos, como já foi explicado num capítulo anterior, são órgãos muitos importantes: além de serem responsáveis pela visão, permitem que o corpo assimile a luz e a cor, tão importantes para o nosso bem-estar.

SÉTIMO PASSO

Tire as mãos dos olhos e leve-as para as bochechas para tratar as cavidades sinusais com o índigo.

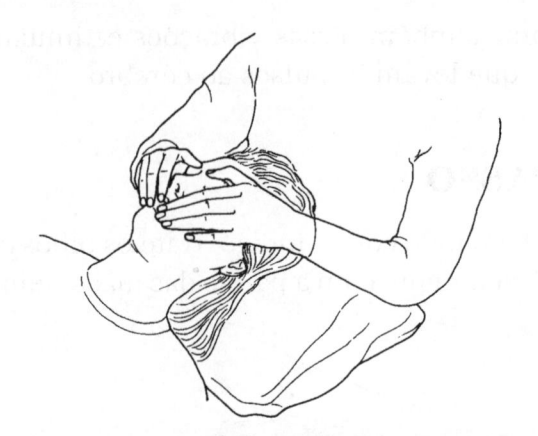

Sétimo passo – Tratamento das cavidades sinusais

As Cavidades Sinusais

Essas cavidades cheias de ar servem para diminuir o peso da cabeça e dar ressonância à voz. A membrana que as reveste secreta um muco, que é drenado para o nariz. A sinusite geralmente se desenvolve a partir de um resfriado ou infecção bacteriana, mas pode estar associada à rinite alérgica, que provoca um inchaço da mucosa.

OITAVO PASSO

Tire as mãos do rosto do paciente e ponha os dois primeiros dedos de cada mão sobre o chakra da garganta. Ele fica entre as duas clavículas e é ligado à tireóide e à paratireóide. Visualize o azul das esporeiras fluindo pelos seus dedos e entrando nesse chakra. Quando acabar de tratá-lo, envolva o pescoço do paciente com as mãos para tratar com esse azul a laringe, a traquéia, as cordas vocais e os músculos do pescoço.

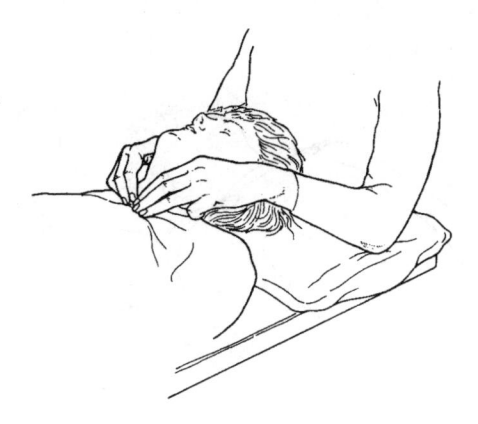

Oitavo passo — Tratamento do chakra da garganta e do pescoço

A *Glândula Tireóide*

Situada na parte inferior do pescoço, essa glândula tem dois lóbulos, um de cada lado da traquéia, ligados por um cordão de tecido tireoidiano. Produz a tiroxina, que controla o ritmo das reações químicas que ocorrem no corpo. Um componente essencial da tiroxina é o iodo.

As *Paratireóides*

Perto de cada um dos quatro cantos da tireóide há uma glândula paratireoidiana, mais ou menos do tamanho de uma ervilha. Elas produzem o hormônio paratireoidiano, que, junto com a vitamina D, controla o nível de cálcio do sangue.

NONO PASSO

Depois de tratar o pescoço, ponha as palmas das mãos no centro de cada clavícula. Visualize o azul saindo dos chakras das palmas das suas mãos e fluindo para os chakras menores situados nas clavículas. Esses pontos são importantes no tratamento de pessoas que sofrem de tensão no pescoço e nos ombros.

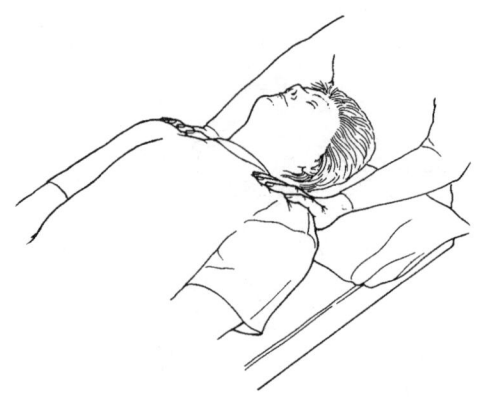

Nono passo — Tratamento dos chakras menores nas clavículas

DÉCIMO PASSO

Leve as mãos para o ombro esquerdo do paciente, mantendo sempre o contato com ele. Canalize azul-claro para o ombro, o braço, as mãos e os dedos, descendo lentamente as mãos por essas partes do corpo.

Quando terminar o tratamento do lado esquerdo, vá para o lado direito da mesa para tratar o braço direito. Se o paciente tiver problemas no ombro, no cotovelo, no punho ou nas articulações dos dedos, envolva-os com as mãos e canalize a cor dominante e a cor complementar recomendadas nesse caso.

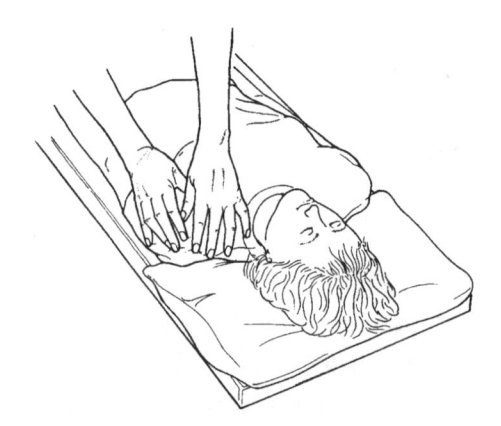

Décimo passo (a) — Tratamento dos ombros e braços

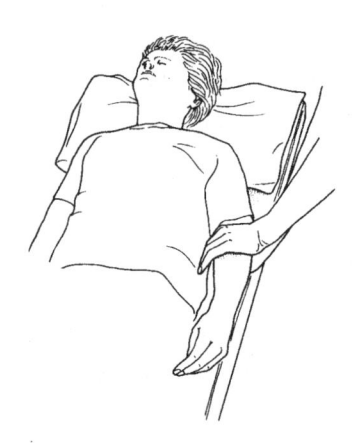

Décimo passo (b) — Tratamento da articulação do cotovelo

Décimo primeiro passo

Depois de tratar os braços, ponha os dois primeiros dedos de ambas as mãos no chakra do coração. Ele fica levemente à direita do coração físico, que é influenciado por ele, assim como o timo.

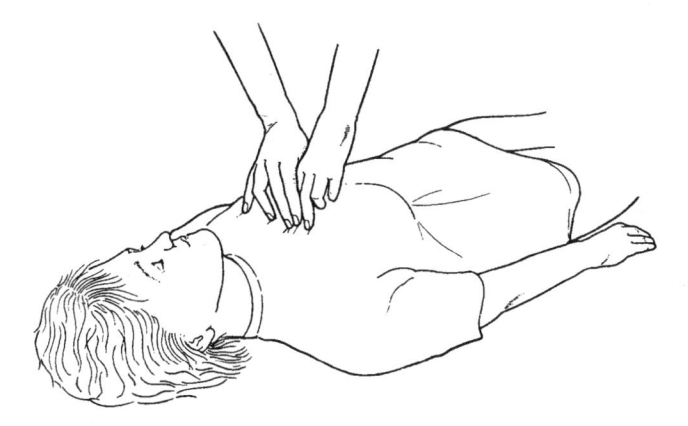

Décimo primeiro passo – Tratamento do chakra do coração

A Glândula Timo

No século II, Galeno deu esse nome a essa glândula por causa de sua semelhança com um maço de folhas de tomilho, ou timo. Ela tem dois lóbulos e fica na parte superior do peito. Constitui-se de tecido linfóide e tem uma função importante na formação dos linfócitos, um tipo de glóbulos brancos. Na infância, esses linfócitos são codificados para reconhecer e proteger os tecidos do corpo.

O Coração

O coração fica no peito, entre os dois pulmões, com dois terços à esquerda do esterno e um terço à direita. É envolto por uma forte bolsa fibrosa, conhecida como pericárdio.

O coração é uma bomba muscular com quatro cavidades, cada uma com uma válvula. Sua principal função é manter a circulação do sangue. O lado direito do coração bombeia sangue para os pulmões, onde os gases residuais são removidos e o oxigênio é absorvido. O sangue oxigenado volta para o lado esquerdo do coração, de onde é bombeado para todos os órgãos e tecidos.

Décimo segundo passo

Se estiver tratando uma mulher, ponha delicadamente as mãos sobre os seios e canalize luz verde para essa área. Então, sem mover as mãos nem mudar a cor, imagine a parte etérica de suas mãos atravessando o corpo da paciente para envolver e tratar os pulmões. Se o paciente for homem, trate os pulmões logo depois do chakra do coração. Muitas pessoas têm um acúmulo de energia estagnada nessa área, que talvez seja provocado pela poluição do ar que respiramos.

Os Seios

Os seios das mulheres cobrem as costelas, da segunda à sexta, e são feitos de gordura, tecido sustentador e tecido glandular, responsável pela produção de leite depois do parto. Na superfície de cada seio há um disco central rosado chamado aréola, que cerca o mamilo. Em volta de cada mamilo há de doze a vinte compartimentos, ligados ao bico do seio pelos dutos por onde passa o leite. A secreção do leite se deve principalmente ao hormônio prolactina, com a contribuição da progesterona e do estrogênio.

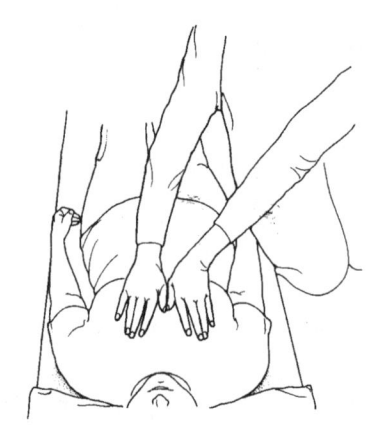

Décimo segundo passo – Tratamento dos seios e dos pulmões

Os Pulmões

Os pulmões ficam no peito, um de cada lado do coração. Nas crianças eles são rosados, mas nos adultos são cinzentos, devido aos depósitos de fumaça e poluição. Cada um deles é envolvido por uma membrana, a pleura ou membrana pleural. O pulmão direito é levemente maior que o esquerdo e é dividido em três lóbulos por duas fissuras profundas. O esquerdo é dividido em dois lóbulos por uma fissura. De textura elástica, os pulmões são compostos de pequenos sacos de ar chamados alvéolos. Quando inspiramos, a cavidade torácica aumenta para que os pulmões tenham espaço para se expandir. Quando expiramos, o tórax vai voltando ao tamanho anterior à medida que o ar é expelido dos pulmões.

DÉCIMO TERCEIRO PASSO

Depois de tratar os pulmões, leve as mãos ao chakra do plexo solar. Ele fica logo acima do umbigo e é ligado ao pâncreas, especialmente às ilhotas de Langerhans (ver abaixo). Com os primeiros dois dedos das mãos nesse ponto, visualize o amarelo das flores do tojo sendo canalizado para ele pelos seus dedos.

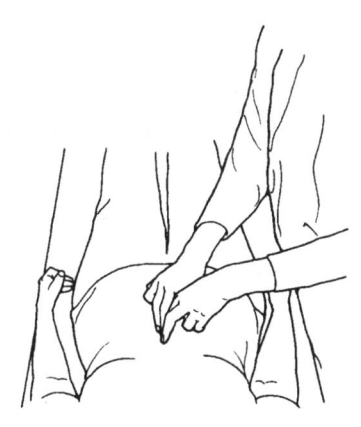

Décimo terceiro passo – Tratamento do chakra do plexo solar

O Pâncreas

O pâncreas fica atrás da parte inferior do estômago. Entre seus ácinos ficam as ilhotas de Langerhans, aglomerados de células que produzem a insulina. A principal função do pâncreas é a formação dos sucos pancreáticos, que contêm as enzimas necessárias para digerir as proteínas, converter os amidos e quebrar as gorduras. A insulina produzida pelas ilhotas de Langerhans é secretada diretamente na corrente sangüínea para absorver os açúcares.

DÉCIMO QUARTO PASSO

Ainda trabalhando com o amarelo, leve as mãos para o lado direito do corpo do paciente e ponha uma ao lado da outra, logo abaixo das costelas. É onde ficam o fígado e a vesícula. Se sentir o fígado intoxicado, troque o amarelo por verde-limão.

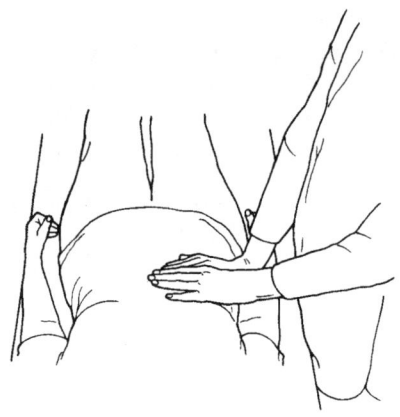

Décimo quarto passo – Tratamento do fígado e da vesícula

O Fígado

O fígado, um dos maiores órgãos do corpo, é marrom-escuro, triangular e dividido em quatro lóbulos. O maior é o lóbulo direito, a que se liga a vesícula. O fígado costuma ser comparado a uma fábrica de substâncias químicas, sendo que o calor produzido pelas modificações químicas contribui para o aquecimento do corpo físico. Entre suas muitas atividades químicas estão a produção de bile, enzimas, colesterol, proteínas complexas, vitamina A e fatores de coagulação sangüínea. Ele neutraliza as substâncias tóxicas do intestino delgado e participa do metabolismo das proteínas, gorduras e carboidratos.

A Vesícula

A vesícula é uma bolsa de cerca de oito centímetros de comprimento. Sua função é armazenar e concentrar a bile secretada pelo fígado e ajudar a quebrar as gorduras. Quando é necessária, a bile passa pelo duto biliar e vai para o intestino delgado por meio da contração muscular.

DÉCIMO QUINTO PASSO

Depois de tratar o fígado e a vesícula, ponha as duas mãos de atravessado sob as costelas para tratar o estômago com o amarelo.

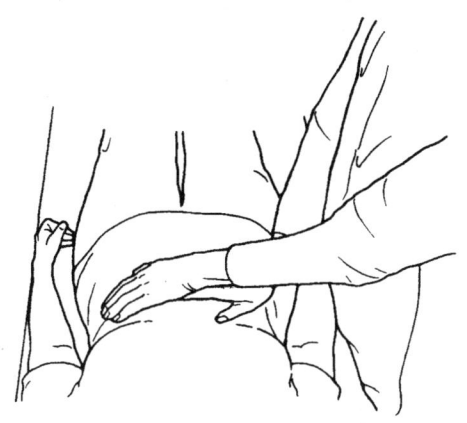

Décimo quinto passo – Tratamento do estômago e do pâncreas

O Estômago

O estômago fica mais para o lado esquerdo do corpo e age como reservatório e processador de alimentos. A comida entra no estômago pelo esfíncter do esôfago. Lá dentro, os poderosos músculos da parede estomacal esmagam a comida, que depois é quebrada pelos ácidos e enzimas produzidos no revestimento do estômago. Depois de processada, a comida sai do estômago pelo esfíncter pilórico e vai para o duodeno.

DÉCIMO SEXTO PASSO

Leve as mãos para o lado esquerdo do corpo e ponha-as lado a lado logo abaixo das costelas para tratar o baço com a cor dourada.

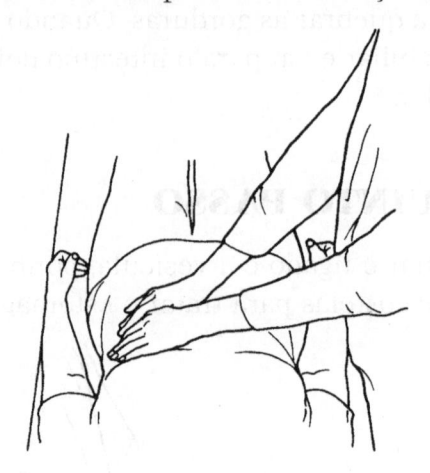

Décimo sexto passo – Tratamento do baço

O Baço

O baço fica atrás do estômago, no lado esquerdo do abdômen. É um órgão vascular, cor de ameixa, com a superfície lisa. Sua função é produzir linfócitos e agir como reservatório de glóbulos vermelhos. Plaquetas e glóbulos velhos, vermelhos e brancos, são quebrados pelo baço, num processo que produz bilirrubina e ferro. A bilirrubina é levada para o fígado, e o ferro é usado na medula para a produção de novos glóbulos vermelhos.

DÉCIMO SÉTIMO PASSO

Para tratar os rins e as glândulas supra-renais, ponha a mão esquerda no lado direito do corpo do paciente e a mão direita no lado esquerdo, em diagonal com a linha da cintura. Visualize suas mãos etéricas entrando no corpo para tratar esses dois órgãos com o amarelo dos narcisos.

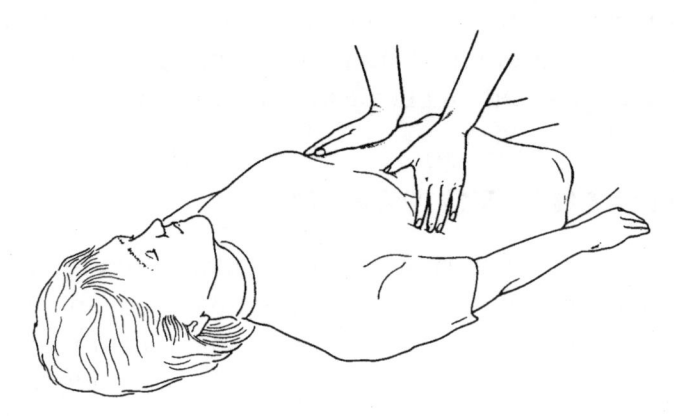

Décimo sétimo passo – Tratamento dos rins e das glândulas supra-renais

As Glândulas Supra-renais

As glândulas supra-renais são dois órgãos de cerca de cinco centímetros de comprimento que ficam logo acima dos rins. Elas são formadas pela medula (a camada interna) e pelo córtex (a camada externa). Estimulada pelo cérebro, a medula produz adrenalina e noradrenalina, dois hormônios que têm um papel importante no controle da pressão sangüínea e do ritmo cardíaco. O córtex elabora vários hormônios do grupo dos esteróides, responsáveis pelo equilíbrio químico do corpo, pela conversão dos carboidratos em glicogênio e pela produção dos hormônios sexuais masculinos e femininos (esses hormônios sexuais são produzidos também pelos ovários e testículos).

Os Rins

Os rins ficam em diagonal com a linha da cintura, um de cada lado da coluna. O rim esquerdo é levemente mais longo e mais estreito que o direito e fica um pouco mais ao alto. Os rins são envoltos em gordura, que os protege e sustenta. São formados pelo córtex (camada externa) e pela medula (camada interna). No córtex, o sangue que vem pela artéria renal passa por pequenas estruturas globulares que filtram do sangue o líquido que contém nutrientes e resíduos. Dessas estruturas globulares, o líquido filtrado vai para a medula por um longo túbulo cercado de vasos sangüíneos, que reabsorvem os nutrientes. O líquido restante continua pelo túbulo até a uretra e é coletado na bexiga na forma de urina.

DÉCIMO OITAVO PASSO

Depois de tratar os rins e as glândulas supra-renais, leve as mãos para o abdômen inferior para tratar o chakra do sacro, que fica logo abaixo do umbigo, com a cor laranja encontrada nas pétalas da rosa-da-índia. Esse chakra está ligado às glândulas supra-renais, descritas no décimo sétimo passo.

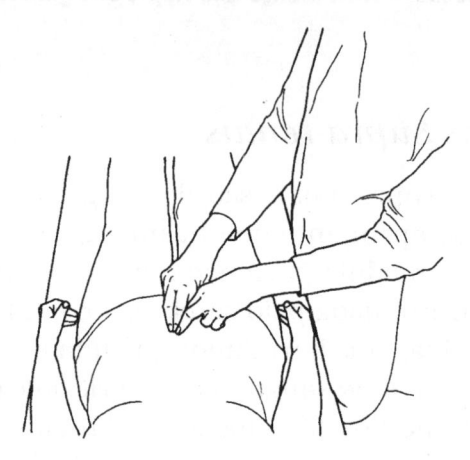

Décimo oitavo passo – Tratamento do chakra do sacro

DÉCIMO NONO PASSO

Leve as duas mãos para a parte inferior do abdômen para tratar com o laranja a bexiga e o intestino delgado. Coloque a base do punho logo acima do osso púbico, com os polegares juntos e os outros dedos abertos sobre o abdômen.

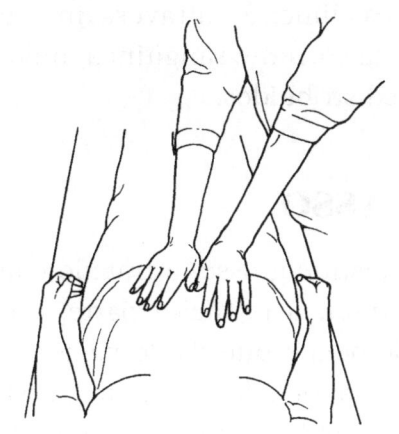

Décimo nono passo – Tratamento da bexiga e do intestino delgado

A Bexiga

A bexiga urinária fica na frente da parte final do intestino e tem paredes elásticas e flexíveis. Tem capacidade para conter quase meio litro de urina, que vem dos rins por dois tubos, os ureteres. Esses tubos são ligados à bexiga por válvulas que impedem que a urina volte quando a bexiga se contrai. Quando a bexiga está cheia, os músculos esfincterianos relaxam, permitindo que ela expulse a urina pela uretra.

O Intestino Delgado

O intestino delgado é um tubo com cerca de sete metros de comprimento, suspenso em laços na cavidade abdominal. É dividido em três partes: o duodeno, que recebe os dutos do fígado e do pâncreas, o jejuno e o íleo, que se abre para o intestino grosso. Como o estômago, o intestino delgado está em constante movimento, controlado automaticamente por uma rede de nervos: as ondas peristálticas de contração de suas paredes empurram o alimento ao longo do seu comprimento. Saindo do estômago, a comida semidigerida passa pelo intestino delgado, onde a secreção de enzimas das paredes intestinais, a bile da vesícula e o suco pancreático dão continuidade ao processo digestivo. Assim, reduzidos a partículas cada vez menores, os alimentos atravessam o fino revestimento do intestino e entram na corrente sangüínea, indo para o fígado, onde são armazenados e distribuídos.

VIGÉSIMO PASSO

O cólon, ou intestino grosso, é tratado com a cor laranja, em duas seções. Para tratar a primeira parte, o cólon ascendente e transverso, fique de pé à esquerda do paciente e ponha a mão esquerda, com os dedos apontados para cima, no lado direito do abdômen e a mão direita paralela à linha da cintura. Para tratar o cólon descendente e sigmóide, ponha a mão direita, com os dedos apontando para cima, no lado esquerdo do abdômen, e a mão esquerda, com a base do punho contra a base do punho da mão direita, com os dedos apontando para o osso pubiano.

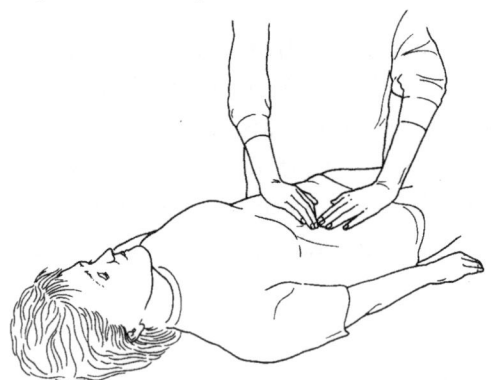

Vigésimo passo (a) – Tratamento do cólon ascendente e transverso

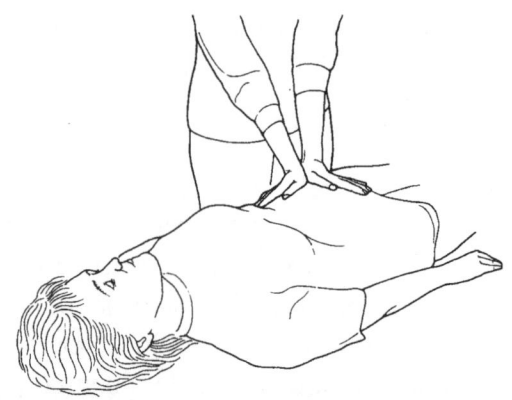

Vigésimo passo (b) – Tratamento do cólon descendente e sigmóide

O Cólon

O cólon, ou intestino grosso, tem cerca de 1,5 metro de comprimento e duas seções principais: o cólon e o reto. O intestino delgado se abre para o cólon por uma bolsa chamada ceco. Daí, o cólon sobe pelo lado direito do corpo (cólon ascendente), segue paralelamente às costelas (cólon transverso) e desce pelo lado esquerdo do abdômen (cólon descendente). O cólon descendente vai para a pélvis, onde se transforma no cólon sigmóide. A última parte do intestino grosso é o reto, um tubo de cerca de doze centímetros de comprimento que termina no ânus. Pela parede membranosa do cólon, os fluidos e os sais minerais passam para a corrente sangüínea. Os sólidos não-digeríveis são compactados e impelidos para o reto, onde ficam armazenados na forma de matéria fecal, pronta para ser expelida pelo ânus.

VIGÉSIMO PRIMEIRO PASSO

Depois de tratar o cólon, ponha as mãos de atravessado sobre a pélvis, logo acima do osso púbico, para tratar com a cor laranja o útero e os ovários nas mulheres e a próstata nos homens.

Os Ovários e as Trompas de Falópio

Os dois ovários e o útero ficam na parte inferior do abdômen e são os principais órgãos reprodutores femininos. Os ovários ficam um de cada lado do útero e se ligam a ele pelas trompas de Falópio. Em forma de amêndoa e esbranquiçados, os ovários produzem óvulos, preparam o útero para a gravidez por meio da secreção de estrogênio e progesterona e, na puberdade, transformam o corpo da menina em corpo de mulher. Os ovários se tornam ativos na puberdade graças ao estímulo das gonadotrofinas, os hormônios secretados pela glândula pituitária.

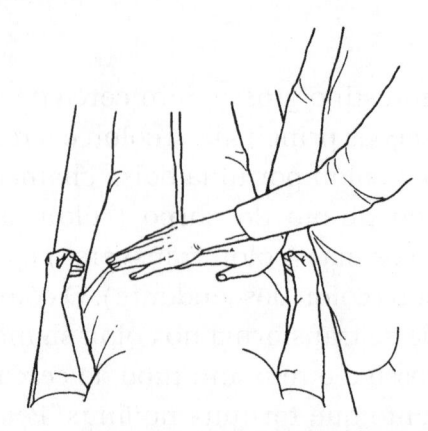

Vigésimo primeiro passo – Tratamento do útero e dos ovários ou da próstata

O Útero

O útero é um órgão oco, suspenso por ligamentos na cavidade da pélvis. Tem cerca e oito centímetros de comprimento e grossas paredes musculares. A extremidade inferior do útero se prolonga no colo uterino, que tem dois centímetros de comprimento e se liga à vagina. É no útero que o óvulo fertilizado se fixa e se transforma num bebê. Quando a gravidez não ocorre, o revestimento do útero descama e é descartado no fluxo menstrual.

A Próstata

Essa glândula, que na verdade é um aglomerado de pequenas glândulas, envolve a uretra no ponto em que ela sai da bexiga. Secreta um fluido alcalino durante a ejaculação, que é um componente do esperma.

VIGÉSIMO SEGUNDO PASSO

Com a mão logo acima do púbis, visualize primeiro um vermelho vivo sendo canalizado pelo chakra da sua mão e tratando o chakra da base e depois clareie essa cor para tratar os testículos, no caso dos homens.

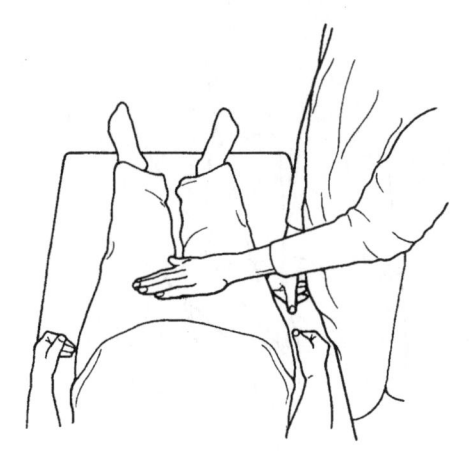

Vigésimo segundo passo — Tratamento do chakra da base e dos testículos

Os Testículos

Os testículos, órgãos reprodutores masculinos, são ligados ao chakra da base. Ficam suspensos fora do corpo no saco escrotal. Cada testículo constitui-se de uma glândula que produz esperma e testosterona e de um longo tubo enrolado chamado epidídimo. O esperma produzido pelos testículos vai para o epidídimo para amadurecer antes de ser impelido para o vaso deferente e depois para as vesículas seminais, onde se mistura ao fluido seminal produzido ali.

VIGÉSIMO TERCEIRO PASSO

Depois de tratar o baixo abdômen, o passo seguinte é tratar a coluna com amarelo-dourado. Começando pelo pescoço, ponha as mãos verticalmente no centro do corpo e vá descendo lentamente, percorrendo toda a coluna. Em cada estágio, visualize suas mãos etéricas em contato direto com a coluna. (A coluna foi descrita anteriormente — ver páginas 90-110).

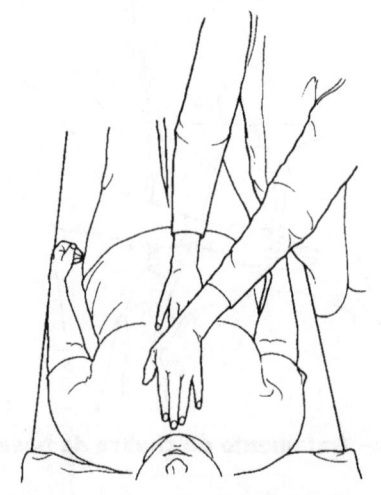

Vigésimo terceiro passo (a) – Tratamento da parte superior da coluna

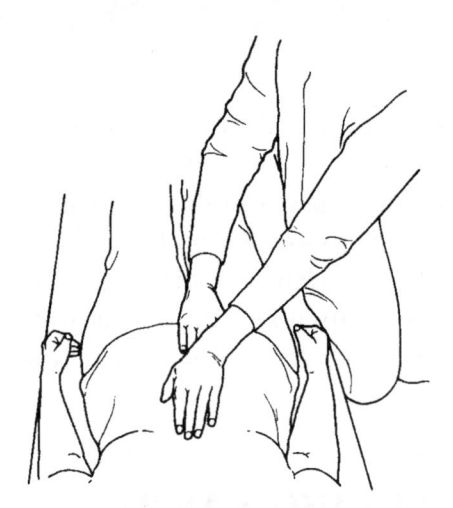

Vigésimo terceiro passo (b) – Tratamento da parte inferior da coluna

VIGÉSIMO QUARTO PASSO

Depois de tratar a coluna, ponha as duas mãos no topo da perna direita e, trabalhando com o vermelho, desça as mãos em movimentos cruzados até o pé. Repita o procedimento na perna esquerda. Se o paciente tiver problemas nas articulações do quadril, joelho ou tornozelo, envolva essas articulações com as mãos e canalize a cor apropriada ao caso, seguida de sua cor complementar.

Vigésimo quarto passo (a) –
Tratamento das pernas

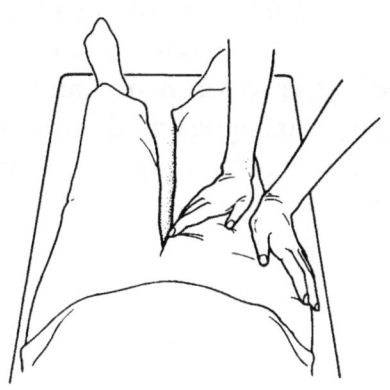

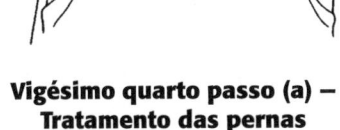

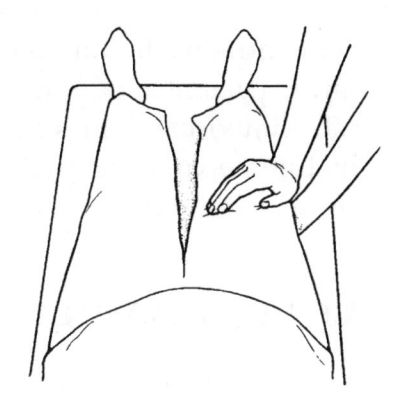

Vigésimo quarto passo (b) –
Tratamento da articulação do joelho

VIGÉSIMO QUINTO PASSO

O último passo do tratamento é a administração da cor genérica, encontrada no mapa da coluna, pelos pés do paciente. Como os pés são um reflexo do corpo, administrar a cor genérica por eles equivale a administrá-la ao corpo inteiro.

Com a mão direita no pé esquerdo do paciente e a mão esquerda no pé direito, visualize a cor genérica passando das suas mãos para os pés dele. Depois de uns três minutos, visualize a cor complementar, que também é administrada por três minutos.

Quando terminar o tratamento, cubra o paciente com um cobertor para que ele relaxe por alguns momentos enquanto você la-

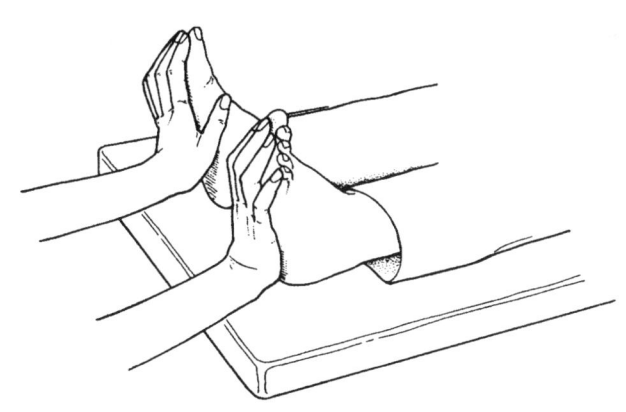

Vigésimo quinto passo – Administração da cor genérica pela sola dos pés

va as mãos. Lave as mãos e os punhos para limpar-se dos desequilíbrios encontrados durante o tratamento, impedindo que passem para outros pacientes ou que você os absorva. A temperatura da água não é importante, mas sim a ação da água caindo nas mãos.

Finalmente, antes de se despedir, marque outra sessão para o paciente se achar que é o caso.

A TÉCNICA DA VELA

Esta é uma técnica especializada que deve ser usada no final da sessão. Ela ajuda a limpar e a fortalecer pessoas sensíveis, frágeis e emocionalmente fracas. É quase sempre aplicada nas costas, muito raramente na frente do corpo. Para esse procedimento, você vai precisar de uma vela num pratinho.

Quando a sessão de cromoterapia por contato terminar, peça que o paciente se vire de bruços, com os braços estendidos a cinco centímetros do corpo e a palma das mãos voltada para o teto (ver ilustração).

Passo A

Segure a vela quinze centímetros acima da cabeça do paciente e vá descendo pelo lado esquerdo da cabeça, ao longo do pescoço, do ombro e do braço, até chegar à mão. Na palma da mão, faça o sinal da cruz grega no círculo.

Suba com a vela pelo lado de dentro do braço e desça até o pé pelo lado esquerdo do corpo. Na sola do pé, faça novamente o sinal da cruz no círculo.

Partindo do pé, suba com a vela pelo lado interno da perna esquerda e desça pelo lado de dentro da perna direita até a sola do pé direito, fazendo novamente o sinal da cruz no círculo.

Suba pelo lado direito do corpo, desça pelo lado interno do braço direito até a palma da mão. Faça o sinal da cruz no círculo e depois suba pelo lado de fora do braço direito, passe pelo ombro, suba pelo pescoço e pelo lado direito da cabeça até o ponto em que começou.

CROMOTERAPIA POR CONTATO: UM TRATAMENTO PASSO A PASSO 179

Passo A

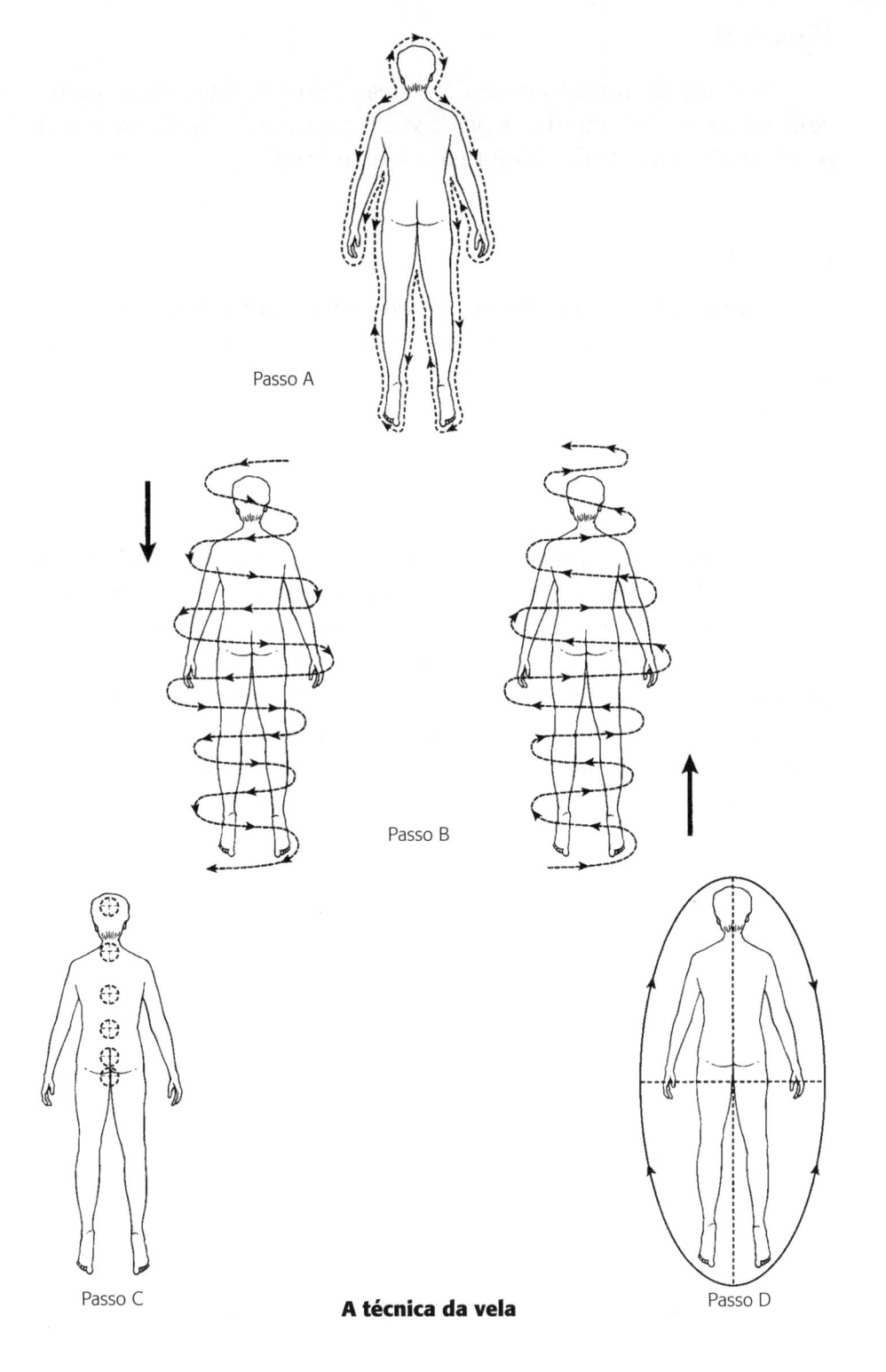

Passo B

Passo C

Passo D

A técnica da vela

Passo B

Partindo do mesmo ponto, vá descendo em ziguezague com a vela até os pés. Circunde os pés e volte para a cabeça, desta vez fazendo o ziguezague da direita para a esquerda.

Passo C

Quando chegar ao topo da cabeça, desça com a vela pelo centro do corpo até a base da coluna. Subindo pela coluna até o topo da cabeça, faça o sinal da cruz no círculo em cada chakra maior para fechá-los e protegê-los.

Passo D

Depois de fechar o chakra da coroa, desça com a vela pelo centro do corpo até os pés. Daí, suba para a cintura, mova a vela horizontalmente para a esquerda até passar cerca de cinco centímetros do corpo e depois faça o mesmo movimento para a direita. Voltando ao centro do corpo, suba com a vela para o topo da cabeça.

Esse movimento põe o paciente dentro de uma cruz de luz. Para terminar, caminhe em volta dele com a vela para que ele fique dentro de um círculo de luz. Apague a vela e deixe o paciente descansar um pouco.

CAPÍTULO 11

Maneiras de Trabalhar com a Cor

O INSTRUMENTO DA CROMOTERAPIA

A cromoterapia por contato, apesar de muito eficaz, é um método difícil para terapeutas sem muita sensibilidade à cor, com dificuldade para manter a concentração mental ou que não queiram ter contato físico com o paciente. Por outro lado, há pacientes que só se sentem tratados quando vêem as cores usadas no tratamento. Para quem acha difícil a cura por contato e para pacientes que, vendo as cores, se sentem psicologicamente melhor, o instrumento da cromoterapia é o ideal.

Sinto que tanto o instrumento da cor quanto a cura por contato têm algo especial a oferecer. Na cura por contato, o trabalho com a intuição e com o Eu superior permite que seja canalizado por nós o tom exato que a terapia exige. Senti, várias vezes, que a cor que estava passando pelas minhas mãos não era a que eu estava visualizando. Nesses casos, é bom lembrar que a singularidade das pessoas faz que algumas precisem de uma cor diferente da que é normalmente usada naquela situação. A cura por contato oferece outras vantagens: possibilidade de detectar e limpar as áreas da aura em que há energia estagnada, de tratar cada parte do corpo com sua cor genérica ou terapêutica e de equilibrar os chakras. Com o instrumento da cromoterapia, só é possível trabalhar com a cor genérica e sua cor complementar, mas a vantagem está na possibilidade de o paciente ver as cores que está recebendo e absorver essas cores pelos olhos e pela pele.

O instrumento da cromoterapia é composto de duas caixas de madeira com frente de vidro postas uma em cima da outra sobre um suporte ajustável. As duas caixas ficam ligadas a um aparelho que controla o tempo de tratamento e a seqüência de mudanças entre a cor terapêutica e sua cor complementar. As duas caixas são equipadas com lâmpadas e têm fendas onde se encaixam os filtros de vidro tingido. O compartimento de cima abriga a cor genérica, e o compartimento de baixo, a cor complementar (ver abaixo).

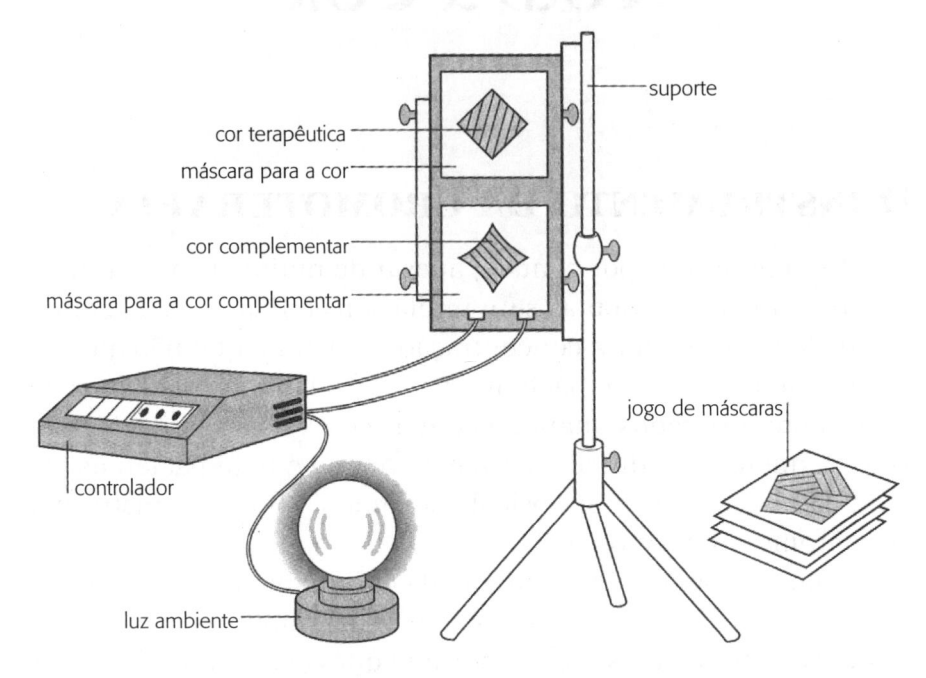

O instrumento da cromoterapia

Na primeira sessão do tratamento, anote em detalhes o histórico médico do paciente, faça um mapa da coluna e o interprete. Peça ao paciente que vá ao banheiro para tirar todas as roupas coloridas, pois elas agem como filtro, modificando as cores do tratamento. Ofereça a ele um avental branco.

Enquanto isso, ponha no instrumento os filtros com as cores determinadas pelo mapa e apague a luz da sala, com exceção de uma lâmpada de trabalho, que você deve apagar no começo do tratamento. O ideal é ter persianas pretas nas janelas porque, como a luz dilui a cor, quanto mais escura a sala, mais fortes as cores transmitidas.

Já de avental, o paciente deve se sentar numa cadeira confortável. É hora de desligar a lâmpada de trabalho e ligar o instrumento. A seqüência de mudanças que vai da cor à sua cor complementar dura menos de vinte minutos, e o paciente deve ficar de olhos abertos durante esse tempo. Como é importante que o terapeuta também fique na sala, ele deve antes se proteger para não receber a cor do tratamento (ver páginas 131-42). Ficando na sala, o terapeuta conforta o paciente e lhe dá a oportunidade de expressar os sentimentos e os pensamentos que surgem durante o tratamento.

No final do tratamento, deixe o paciente à vontade para falar sobre suas experiências. Depois, você deve lhe dar instruções sobre como trabalhar com a cor genérica nos seis dias seguintes. Mais do que seis dias não é aconselhável, pois a condição do paciente vai se modificando, e com ela a cor de que ele precisa.

MÉTODOS PARA O PACIENTE TRABALHAR COM A COR

O paciente pode trabalhar de várias maneiras com a cor genérica e, se for necessário, com a cor complementar, mas não se recomenda o uso de luz colorida. A imersão na luz colorida é um tratamento muito poderoso, que deve ser conduzido por um cromoterapeuta qualificado. Às vezes, o paciente acha que aumentando o tempo recomendado para o tratamento vai acelerar o processo de cura. Além de não ser verdade, isso pode ser perigoso no caso da luz colorida.

Solarização de Comprimidos de Placebo

Aprendi que, para o paciente, o mais fácil e eficaz é tomar comprimidos de placebo solarizados com as cores necessárias ao tratamento. Esse método oferece benefícios físicos e psicológicos, pois a maioria das pessoas está condicionada a acreditar que são os comprimidos que curam. Além disso, é mais fácil para o paciente lembrar de tomar os comprimidos porque, ao contrário dos outros métodos, é um tratamento que não toma tempo.

Para solarizar placebos, você vai precisar de comprimidos de goma-laca, que são vendidos em farmácias homeopáticas, uma caixinha de madeira com dois compartimentos pintados de branco e um jogo de filtros de vidro tingido para encaixar sobre esses compartimentos. Ponha os comprimidos nos compartimentos da caixinha e ajuste em cima de cada um o filtro com a cor desejada. Ponha a caixinha no peitoril da janela, onde deve ficar por uma hora nos dias de sol e quatro horas nos dias nublados. Guarde então os comprimidos solarizados em potes com rótulos pretos para que não percam sua potência.

O paciente recebe seis comprimidos de cada cor, com instruções para tomar um comprimido solarizado com a cor genérica meia hora antes do café e um comprimido solarizado com a cor complementar meia hora antes do almoço, durante seis dias.

Procure deixar claro que é importante tomar a cor complementar. Quando experimentei esse método em mim mesma, solarizei e tomei dois comprimidos azuis meia hora antes do café e mais dois comprimidos azuis antes do almoço. À noite, eu não conseguia parar de chorar, sem entender o motivo. Então percebi que não tinha tomado o laranja, a cor complementar do azul. Depois de corrigir o erro, comecei a me sentir muito bem e cheia de vitalidade.

Desde que comecei a prescrever esses comprimidos para meus pacientes, já obtive resultados notáveis. Uma mulher sofria de depressão aguda relacionada a problemas em casa. Eu lhe dei comprimidos solarizados com laranja e azul para ela tomar durante seis dias. Na outra sessão, ela estava surpresa: a depressão tinha diminuído rapidamente com o tratamento. Sentindo-se bem, ela teve condições de começar a resolver a causa do problema.

Para um paciente com sinusite, dei comprimidos vermelhos e verdes. Na sessão seguinte, ele me contou que o problema tinha piorado no início, mas que depois de dois dias de tratamento ele tinha começado a eliminar catarro e a melhorar.

Para começar a usar esse método, você deve providenciar alguns potes pretos de tamanho médio ou vidros brancos pintados de preto e rotular cada um com o nome de uma cor. Assim, poderá armazenar comprimidos solarizados para usar quando necessário. Use potinhos ou envelopinhos pretos para dar os comprimidos ao paciente. É fácil fazer envelopinhos com papel preto, que você encontra em qualquer papelaria.

Lunarização de Comprimidos

A lunarização de comprimidos é um método desenvolvido a partir da solarização. Tive essa idéia tratando pacientes que sofriam de problemas menstruais e hormonais. Os comprimidos são preparados da mesma maneira, mas, em vez de ficarem expostos ao sol, são lunarizados com a luz da lua cheia.

Como a luz da lua cheia não é tão freqüente quanto o sol, é aconselhável lunarizar o maior número possível de cores de uma só vez. Os comprimidos devem ser armazenados como os solarizados, mas é importante que os rótulos sejam bem claros para que não haja confusão.

Visualização das Cores

Visualizar as cores é um método muito eficaz se for praticado com regularidade. Exige tempo, mas se o paciente estiver disposto a fazer esse investimento, terá grandes benefícios. Sugiro a meus pacientes que procurem flores ou minerais com as cores do tratamento, pois as cores da natureza são vivas, vibrantes e têm grande capacidade de cura. Recomendo também que pratiquem todos os dias no mesmo horário, para que criem o hábito e não se esqueçam de praticar. Segue-se um exemplo de visualização que pode ser útil para você.

Vermelho e Verde

Providencie um vaso com uma tulipa vermelha. Sente-se confortavelmente, olhando para a flor. Observe o formato e a cor da tulipa e, quando se sentir preparado, feche os olhos e visualize a tulipa aumentando de tamanho até que você possa entrar dentro dela.

Sentado confortavelmente dentro da tulipa, imagine o sol brilhando através das pétalas, criando raios de luz vermelha que o banham da cabeça aos pés. Procure sentir os efeitos físicos, emocionais e mentais que essa luz tem sobre você.

Depois de quinze minutos, saia da tulipa para uma de suas folhas compridas e verdes, a cor complementar do vermelho. Fique ali por um momento, absorvendo o verde pelos pés, e depois desça da folha e volte para onde estava sentado. Visualize a tulipa voltando ao seu tamanho normal antes de abrir suavemente os olhos.

O paciente pode trabalhar com uma flor diferente a cada dia ou criar uma outra visualização, que pode anotar e levar na sessão seguinte.

Meditação com Cor

Esse método é bom para quem tem experiência com meditação. Para meditar, escolha um lugar calmo, onde você não seja perturbado. A hora ideal é de manhã, logo depois de acordar, o que elimina a tentação de cair no sono. Escolha uma posição confortável, que permita que a coluna fique ereta. Se preferir sentar-se numa cadeira, apóie os dois pés no chão e as mãos nos joelhos, com as palmas voltadas para cima. Com os olhos fechados, comece a meditação com cinco minutos de respiração rítmica, que ajuda a aquietar a mente e a relaxar o corpo. No final da meditação, é importante fechar os chakras maiores. Eles são as portas que dão acesso à consciência superior, que se abrem durante a meditação. A maneira mais simples de fechá-los é visualizar cada chakra em forma de uma flor aberta. Começando com o chakra da coroa, visualize cada chakra se fechando e voltando a ser um botão.

Meditação com Índigo

Com a mente quieta e o corpo relaxado, imagine que você está sentado diante de um cristal gigante de quartzo. Levante-se e procure uma porta no cristal para que você possa entrar em sua câmara interior.

Abrindo essa porta, você se vê numa sala com paredes, teto e chão de cristal. No chão há um espesso tapete índigo profundo e várias almofadas de tecido índigo e branco. Pendendo do teto, há espirais de globos de vidro tingido, que enchem a sala de raios de luz índigo. Dê mais uma volta pela sala, observando todos os detalhes, e deite-se no tapete com a cabeça apoiada numa almofada. Caso sofra de dor nas costas, ponha outra almofada sob a dobra dos joelhos.

Deitado confortavelmente, observe seu corpo banhado na luz índigo que inunda a sala. Se prestar atenção, vai ouvir os sons suaves do cristal. O universo inteiro está cantando esse som, conhecido como música das esferas, só que a maioria das pessoas não consegue ouvi-lo.

Tome consciência do corpo físico: o índigo induz um maravilhoso estado de paz e relaxamento no corpo e na mente e cria espaço para você ser você mesmo.

Revigorado e reenergizado, levante-se e saia pela porta do cristal. Comece a tomar consciência do corpo físico sentado na cadeira. Depois, visualize o cristal voltando ao seu tamanho normal. Abra os olhos, revitalizado para o dia que o espera.

Inspire a Cor

A inspiração da cor exige tempo, mas é um exercício relativamente fácil de fazer porque a respiração está sempre conosco: não precisamos ir atrás dela. É melhor praticar de manhã, perto de uma janela aberta, porque o *prana* revitaliza o corpo e pode provocar insônia se o exercício for feito à noite.

Há muitas técnicas de respiração, mas a mais simples é a respiração rítmica, em que a inspiração e a expiração duram o mesmo tempo. Esse tempo vai depender da sua capacidade pulmonar. Comece contando até três, na inspiração e na expiração. Se achar fácil, aumente o tempo, contando até cinco ou sete. Caso fique tonto ou sem fôlego, volte para a respiração normal.

Inspire Violeta e Amarelo

Comece este exercício respirando ritmicamente para sentir sua capacidade pulmonar. Quando estiver à vontade, visualize a cada inspiração um raio de luz violeta entrando pelo topo da cabeça e inundando seu corpo até os pés. A cada expiração, visualize um raio de luz amarela entrando pela sola dos pés e subindo até o topo da cabeça.

Você pode também trabalhar com o violeta por cinco minutos e depois mudar para o amarelo.

Experimente os dois métodos para descobrir qual deles você prefere.

Filtros de Tecido Colorido

Você vai precisar de uns dois metros de seda ou algodão na cor desejada. A seda e o algodão são mais indicados porque são fibras naturais que não restringem a aura. Os tecidos sintéticos impedem a expansão e a contração naturais da aura, o que é prejudicial à saúde. As lojas de produtos indianos são um ótimo lugar para comprar seda ou algodão, pois oferecem muitas cores a um bom preço. Não há vantagem em comprar tecidos caros para fazer este trabalho. Nas lojas de produtos indianos há também tecidos mistos de seda e algodão, mais baratos do que a seda pura. Se descobrir uma loja com bons preços, compre um pedaço de tecido de cada cor, para ter na sala de terapia. Vai ser útil para o seu trabalho.

Tecido Laranja

Para fazer este trabalho, tire todas as roupas coloridas, porque elas agem como filtros e distorcem a cor que você precisa assimilar.

Providencie um lugar claro, quente e quieto. Deite-se com um travesseiro sob a cabeça e cubra-se da cabeça aos pés com o tecido laranja. Se você se sente relaxado quando ouve música, ponha para tocar baixinho a sua música favorita. Feche os olhos e relaxe por vinte minutos.

Se for preciso, repita o exercício mais tarde, usando tecido azul. O vermelho, o laranja e o amarelo são cores estimulantes, que devem ser usadas de manhã.

É bom também usar roupas da cor com a qual você está trabalhando. Mas use branco por baixo, para evitar que outras cores sejam filtradas. Às vezes me perguntam se a cor pode ser usada na roupa de baixo. A resposta é sim. Só que nesse caso a roupa de cima tem que ser branca, e acho que não é muito elegante usar um sutiã vermelho com uma blusa branca!

Recomendo aos terapeutas que façam os exercícios apresentados acima. Assim, vão ter a experiência necessária para escolher o exercício mais adequado ao paciente, além de aumentar a própria sensibilidade à cor.

CAPÍTULO 12

Cura à Distância

A cura à distância é uma forma poderosa e eficaz de cura, usada no caso de pacientes que estão doentes demais para ir até a clínica ou que moram muito longe. Há uma pergunta muito comum: "Se a cura à distância é tão eficaz, por que não tratar com ela todos os doentes?" Sinto que os motivos são muitos. O mais importante é que a cura à distância exclui o calor, o amor e o contato físico que o paciente recebe na cromoterapia por contato. Outra vantagem da cura por contato é o envolvimento do paciente no processo de cura. O esforço que ele faz para ir à clínica é um passo para ajudar a si mesmo que estimula o processo de cura. Além disso, a ida à clínica lhe dá a oportunidade de discutir com o terapeuta seus problemas, medos e preocupações, o que favorece a solução. Às vezes, o terapeuta é a única pessoa com quem o paciente consegue falar de sua vida pessoal, pois sabe que nenhuma informação será discutida fora da sala de terapia.

PERMISSÃO

Para fazer um tratamento à distância, é preciso ter a permissão do doente, já que esse tratamento pode provocar mudanças que ele talvez não deseje e que vão lhe parecer inexplicáveis. Há quem argumente que, se quiser, o doente pode bloquear a energia de cura. Isso pode ser verdade no caso de pessoas fisicamente fortes, mas não é no caso de quem está enfraquecido pela doença.

Conheço uma mulher de certa idade que foi internada no hospital por causa de um ataque do coração. Fui visitá-la e perguntei se gostaria que eu lhe administrasse um tratamento à distância. Muito abatida, ela recusou, dizendo que não estava conseguindo lidar nem com a energia de cura que já estava recebendo. Ela disse ainda que nem dava para mandar de volta essa energia, pois não sabia quem a estava enviando. Sei por experiência própria o poder que essa energia tem. Quando estive doente, se eu não soubesse que estavam me tratando à distância, teria ficado muito assustada com os movimentos de energia que o tratamento provocava em mim.

Sinto que administrar um tratamento à distância sem a permissão da pessoa tratada é interferir no seu livre-arbítrio, o que é errado. Há uma única exceção: elevar visualmente a pessoa na luz do universo, pedindo que receba o que é bom para ela naquele momento: "Seja feita a tua vontade".

INFORMAÇÃO

Há várias maneiras de realizar a cromoterapia à distância, mas todas exigem que você tenha informações sobre o paciente e seu estado. Você precisa saber se está tratando uma criança ou um adulto e, no caso de um paciente com câncer, por exemplo, precisa saber que parte do corpo foi afetada. Essas informações vão ajudá-lo a escolher o tratamento certo.

Diga ao paciente em que horário vai ser feito o tratamento e sugira que ele vá para um lugar tranqüilo nesse horário para se concentrar e ficar mais receptivo à energia transmitida. Além dos benefícios óbvios, isso o estimula a participar do próprio processo de cura.

CROMOTERAPIA À DISTÂNCIA PELA VISUALIZAÇÃO

Esta técnica consiste em visualizar o paciente e projetar raios de luz colorida do seu chakra da fronte para partes específicas do corpo dele. É uma técnica que exige prática em projeção de cor e concentração. Antes de começar a trabalhar com este método, faça o exercício da página seguinte.

Projeção de Cores

Sentado confortavelmente, concentre-se por alguns minutos na respiração. Isso vai ajudá-lo a relaxar e a aquietar a mente. Imagine que um raio de luz branca entra pelos seus olhos e vai até o hipotálamo, que o envia para a glândula pineal e o chakra da coroa, para a glândula pituitária e o chakra da fronte, para as glândulas carótidas e o chakra alta maior. Quando esse centros estiverem inundados de luz, visualize três triângulos de luz se formando na sua cabeça. O primeiro é formado pelos chakras da coroa, da fronte e alta maior; o segundo, pelas glândulas pineal, pituitária e carótida; e o terceiro, pelos olhos e pela glândula pineal. Agora imagine à sua frente, a uns trinta centímetros do seu corpo, o contorno preto de uma rosa, de um crisântemo, de um narciso, de um jacinto, de uma íris e de um amor-perfeito sobre um fundo branco. Trazendo a concentração para o chakra da fronte, projete daí um raio de luz vermelha para as pétalas da rosa. Use um raio laranja para colorir o crisântemo, amarelo para o narciso, verde para os caules e folhas das flores, azul para o jacinto, índigo para a íris e violeta para o amor-perfeito. Quando terminar, trabalhe com matizes para acrescentar diferentes tons às cores.

Quando tiver mais prática, procure visualizar em branco-e-preto uma paisagem campestre ou marítima e pinte-a usando o mesmo método.

O Trabalho com a Visualização na Cura à Distância

Procure fazer este trabalho todos os dias na mesma hora. Arrume um lugar em sua casa onde você não seja perturbado. Se ficar reservado só para a cura, com o tempo esse espaço vai ficar impregnado de uma energia vibrante e inspiradora, que vai favorecer seu trabalho. Para se concentrar melhor nas cores, espalhe cristais, flores ou lenços coloridos à sua volta. Você vai precisar também de fósforos e de uma vela branca num pratinho.

Antes de começar a sessão, acenda a vela e dedique sua luz aos pacientes, pedindo para ser um bom canal para essa energia. Sente-se em posição confortável, numa cadeira ou no chão, mas sempre com a coluna ereta. Pratique respiração rítmica por alguns minutos para aquietar a mente e relaxar o corpo.

Visualização (1)

Visualize o paciente deitado num belo jardim cheio de árvores e flores coloridas, banhado pela luz e pelo calor do sol.

Com a mente concentrada nessa cena, visualize um raio de luz violeta irradiando do seu chakra da fronte para o chakra da coroa do paciente. Depois de alguns segundos, o raio fica índigo para tratar o rosto e o chakra da fronte do paciente, e depois azul para tratar o chakra da garganta, o pescoço, os braços e as mãos. Das mãos, leve o foco para o peito e use o verde para tratar todos os órgãos e músculos da cavidade torácica. Se sentir que o paciente está carente de amor ou que sofreu um trauma emocional, projete primeiro o violeta no chakra do coração e depois o rosa. Essas cores restauram o coração partido antes de enchê-lo de amor incondicional. Mude a cor para o amarelo, que vai tratar o plexo solar, o estômago, o fígado, a vesícula e o pâncreas. Depois de tratar esses órgãos, mude a cor para dourado, que, aplicado ao baço, vai gerar energia para o corpo físico. Leve agora a atenção para o baixo abdômen e visualize um raio de luz laranja saindo do seu chakra da fronte e entrando primeiro no chakra do sacro do paciente e depois nos órgãos da cavidade abdominal. Finalmente, mude a cor para vermelho para tratar o chakra da base, as pernas e os pés.

No final do tratamento, envolva o paciente num globo protetor de luz branca, visualizando-o num estado relaxado e tranqüilo. Apague a vela antes de lavar as mãos em água fria para romper o contato.

Essa visualização usa apenas as cores genéricas, mas, em caso de doença, as partes afetadas do corpo devem ser tratadas com a cor terapêutica e sua cor complementar. Nesse caso, em vez de visualizar o paciente deitado num jardim, você pode visualizá-lo na mesa da sala de terapia ou num bosque, com as costas apoiadas no tronco de uma árvore. Assim, ele vai estar dentro da aura da árvore, absorvendo sua energia e sua força. Os terapeutas também devem fazer esse exercício depois de aplicar um tratamento, mas é importante agradecer e abençoar a árvore antes de deixá-la.

Visualização (2)

Sentado em silêncio, visualize um jardim circular: é um jardim de rosas cercado de arbustos verdes, com uma fonte no meio. As rosas estão desabrochadas, enchendo o ar com o seu perfume delicado e exibindo tons de vermelho, branco, amarelo e pêssego. O jardim está cheio de luz do sol, que inunda a fonte e enche cada gota de água com o calor de cura dos seus raios. Espalhadas pelo jardim, há confortáveis espreguiçadeiras.

Visualize os pacientes: eles entram pelo portão de madeira do jardim, que fica entre os arbustos, e escolhem cada um uma cadeira. Absorvendo o espetáculo de cores e inspirando o ar delicadamente perfumado, eles se livram da tensão típica de quem está doente. Mais relaxados, eles pedem que a luz universal lhes permita compreender a doença e encontrar o caminho para a totalidade.

Depois de um breve período de descanso, eles se levantam e vão até a fonte. Experimentam a água com as mãos e entram na fonte, ficando sob a cascata brilhante. Enquanto isso, visualize a vibrante luz de cura encapsulada em cada gota ser liberada para as áreas mais desequilibradas do corpo dos pacientes. Visualize essas áreas na forma de uma bruma cinzenta que se dissolve lentamente na presença dessa luz líquida.

No momento oportuno, visualize os pacientes saindo da fonte alegres e revigorados e atravessando o portão.

CURA À DISTÂNCIA PELO MAPA DA COLUNA

Na cura à distância, o mapa da coluna é feito com base na caligrafia da carta enviada para solicitar o tratamento. Caso o pedido seja feito por telefone, envie um mapa da coluna para o paciente assinar ou peça que ele lhe mande uma fotografia.

Deixe uma vela acesa durante a sessão: é uma proteção para você e para o paciente e um lembrete de que a energia de cura vem do universo por seu intermédio. Se você sentir a sua energia drenada depois da sessão, seja qual for o método usado, é porque está fazendo alguma coisa errada. Pode ser que tenha dado sua própria energia, que não esteja se sentindo bem ou que esteja trabalhando a partir do ego. Se isso continuar, é você que vai acabar ficando

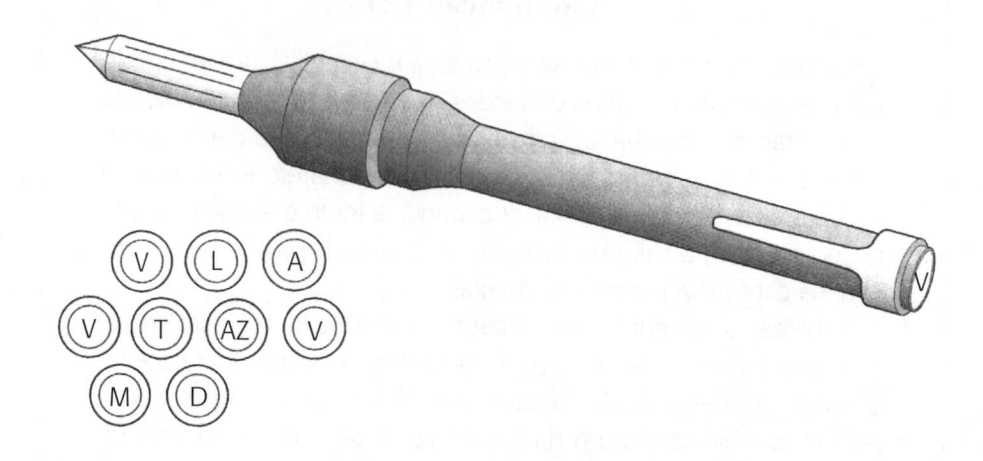

A lanterna de cromoterapia

doente. Os bons terapeutas ficam energizados pela energia que canalizam.

Pronto o mapa, as vértebras isoladas são tratadas por quinze segundos com a cor que lhes foi atribuída e sua cor complementar. Para isso, canalize a cor pelo dedo médio ou com a ajuda de uma lanterna de cromoterapia (ver acima). Essa lanterna tem uma cabeça de plástico branco ajustada a um cristal de quartzo que amplifica a energia vibracional dos filtros de vidro tingido que ficam dentro dela. Os chakras que, segundo o mapa, estão desequilibrados, devem ser tratados como as vértebras. Escreva então uma interpretação completa do mapa, em termos leigos, e envie para o paciente, explicando como trabalhar com a cor genérica.

Se achar que é melhor para o paciente tomar comprimidos de goma-laca, envie a ele seis comprimidos potencializados com a cor genérica e seis com sua cor complementar. Eles devem ser acondicionados em dois envelopinhos pretos com instruções de uso. Acho que é psicologicamente melhor para o paciente receber comprimidos do que receber instruções para visualizações ou exercícios respiratórios. O benefício psicológico favorece o processo de cura.

Você pode também usar o instrumento de cromoterapia para administrar a cor e sua cor complementar. Neste caso, é preciso uma fotografia do paciente. Ela é presa com alfinete a um pano branco que fica pendurado no encosto de uma cadeira. A sala é escurecida, e as cores são projetadas pelo instrumento sobre a fotografia por vinte minutos.

CURA POR MEIO DE FORMAS GEOMÉTRICAS

Você vai precisar de uma caixa rasa de areia, velinhas de aniversário de todas as cores, uma fotografia do paciente e uma caixa de fósforos. Escolha então uma das formas geométricas apresentadas na página 198. Você pode usar a rabdologia ou descobrir intuitivamente que forma usar.

Alguns terapeutas combinam formas geométricas às cores porque a energia vibracional das formas acentua as cores. As formas mais usadas são o triângulo, o quadrado, a cruz grega, o pentagrama, a estrela de seis pontas e o círculo.

O Triângulo

Nos tempos antigos, o triângulo era um símbolo da luz. Com a ponta para cima, ele representa o sol e simboliza a vida, o fogo e a energia masculina. Na posição inversa, ele é associado à lua, à água e à energia feminina. O triângulo está relacionado ao número 3 e, no cristianismo, representa a Trindade e o corpo, a mente e o espírito do homem. No hinduísmo, os triângulos com a ponta para cima e para baixo são Shakta e Shakti, linga e yoni, Shiva e Shakti. Na cura à distância, esse símbolo amplifica a força de cura e ajuda a cor a tratar todos os aspectos da pessoa. Assim, beneficia quem quer encontrar a si mesmo ou a causa de algum problema.

O Quadrado

O quadrado representa a solidez da terra e os quatro elementos — terra, fogo, ar e água. As qualidades que ele contém são a honestidade, a integridade e a moralidade, ajudando as pessoas que procuram essas virtudes em si mesmas. No hinduísmo, o quadrado é o arquétipo da ordem no universo, o modelo e a medida perfeita para o homem. Na cura à distância, proporciona segurança, proteção e totalidade e equilibra os quatro elementos encontrados em cada um de nós. Faz também que a pessoa tratada "mantenha os pés no chão".

A Cruz Grega

Essa cruz simboliza os quatro cantos da terra, os quatro elementos e os quatro estados do homem. A linha horizontal é o racional, o concreto, o passivo e o feminino, e a vertical é o espiritual, o intelectual, o ativo e o masculino. Juntas, as duas linhas representam nosso dualismo, que leva à polaridade e à totalidade. Cada pessoa tem no cérebro um hemisfério direito e um hemisfério esquerdo, contém energia masculina e feminina, precisa do calor e da atividade do sol e da frieza e da passividade da lua. Trabalhando com a polaridade, todos esses aspectos são equilibrados para criar a totalidade.

Na filosofia indiana, a polaridade é comparada ao pêndulo de um relógio, ao longo do qual ficamos todos nós. Quando o pêndulo balança para a direita, sentimos bem-estar e alegria, quando balança para a esquerda, sentimos depressão e mal-estar. O pêndulo oscila para a direita, trazendo emoções de amor e harmonia, mas então oscila para a esquerda, trazendo mau humor e irritabilidade. Para trabalhar a polaridade, devemos subir pelo pêndulo até o ponto em que ele está fixo no relógio. Aí não há movimento, indicando que alcançamos o estado de integração e totalidade.

Na cura, a cruz grega é usada para os que precisam procurar o próprio desequilíbrio e trabalhar no sentido de alcançar o alinhamento e a harmonia.

O Pentagrama

As cinco pontas do pentagrama representam a terra, a água, o fogo, o ar e o espírito ou os cinco sentidos — visão, audição, tato, paladar e olfato. Sua forma simboliza a figura de um homem com pernas e braços estendidos. Para os pitagóricos, era símbolo da saúde e do conhecimento. No cristianismo, simboliza as cinco chagas de Cristo e, no hinduísmo, é Prakriti, o poder feminino da criação e da manifestação, a mãe universal, a quintessência do universo natural. Ele é associado aos anjos da cura, os querubins, e é usado na cura à distância para que esses seres favoreçam nosso trabalho. Além disso, ele fortalece a energia das cores e trabalha com a espiritualidade da pessoa.

A Estrela de Seis Pontas

Ela é formada por dois triângulos entrelaçados. Na forma bidimensional, representa a Estrela de Davi e, na forma tridimensional, é conhecida como tetraedro. É a união dos opostos: em geral, o triângulo superior é branco e masculino e o inferior é negro e feminino. Representa o equilíbrio perfeito das forças complementares e a natureza andrógina da divindade. Na cura à distância, esse símbolo trabalha a dualidade do paciente, além de lhe dar força e proteção.

A Estrela de Sete Pontas

Todas as estrelas refletem a luz e, quando usadas como símbolos de cura, enviam luz e esperança para os cantos escuros da vida do paciente. A estrela de sete pontas fala de plenitude, segurança e repouso. Na cura à distância, é usada para tratar pessoas que fizeram grandes modificações em sua vida e para equilibrar e alinhar os quatro chakras maiores. É um símbolo muito usado com crianças.

O Círculo

Sem começo nem fim, o círculo fala da ausência de tempo, e fala também da ausência de espaço, pois não tem em cima nem embaixo. Dá sensação de segurança, o que está dentro dele está protegido. O psicanalista C. G. Jung vê o círculo como a psique e o verdadeiro eu.

Na cura à distância, esse símbolo é usado para pessoas vulneráveis e para as que precisam de proteção e segurança enquanto trabalham para resolver seus problemas.

Triângulo   Quadrado   Cruz grega

Pentagrama

Estrela de seis pontas

Estrela de sete pontas   Círculo

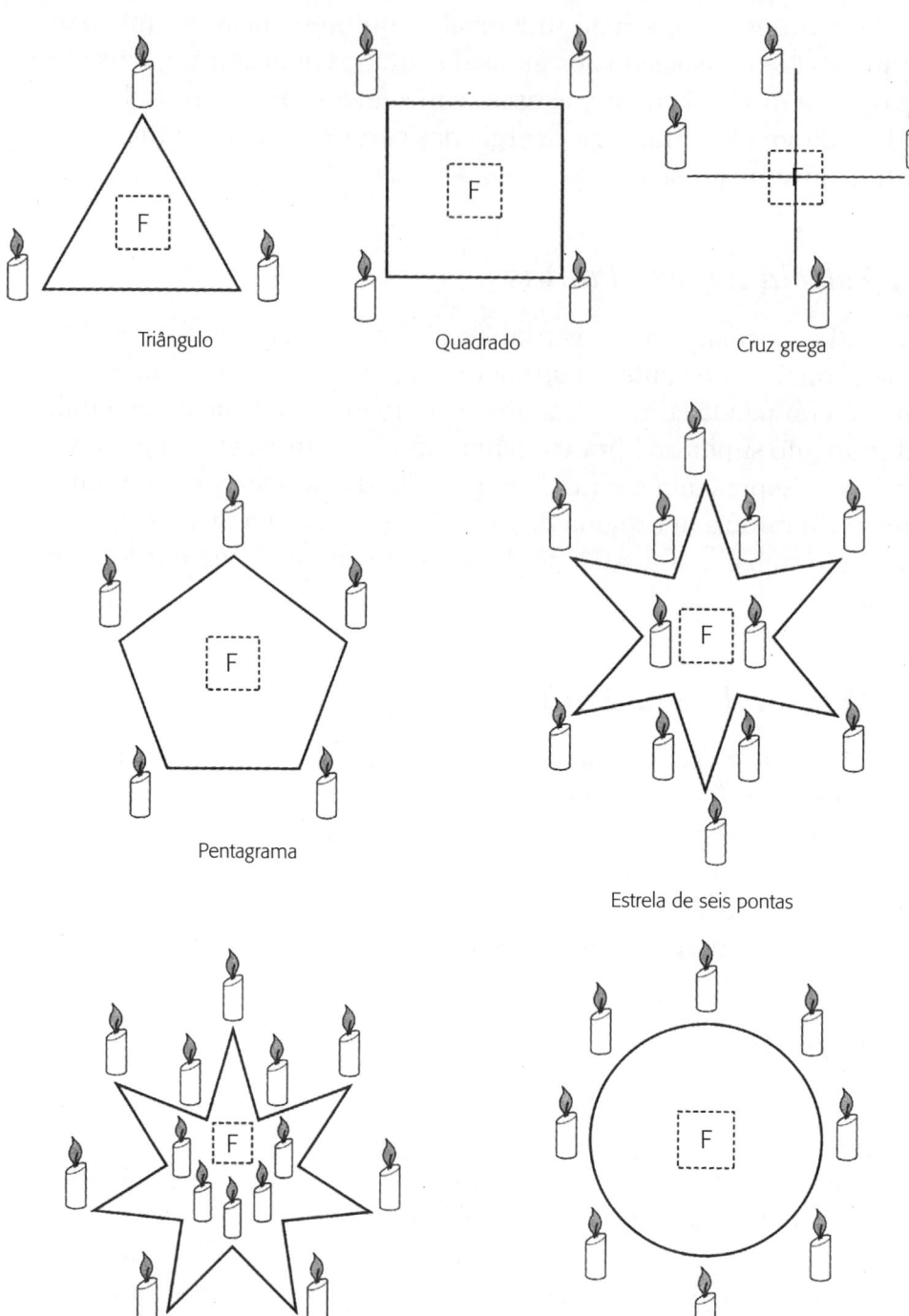

Desenho com velas para a cura à distância

Para usar formas geométricas na cura à distância, estabeleça primeiro a cor genérica pela rabdologia ou pelo mapa da coluna. Eu prefiro e recomendo o mapa da coluna, pois ele dá informações importantes sobre o bem-estar da pessoa. Determinada a cor genérica, use velinhas de aniversário dessa cor para criar na caixa de areia a forma geométrica que você escolheu. Ponha uma fotografia do paciente no centro da forma e acenda as velas, pedindo que sua luz seja enviada ao paciente para curá-lo. Deixe a caixa de areia num lugar seguro, para que as velas acabem de queimar.

O Poder da Prece

Para trabalhar com o poder da prece, é bom ter uma lista das pessoas que solicitaram a cura. Deixe-a no lugar que você usa para fazer a cura à distância. Se você pratica regularmente meditação, faça uma visualização antes ou depois de meditar: visualize as pessoas que pediram sua ajuda sendo levadas a uma nuvem de luz branca e peça que cada uma delas receba o que for melhor para ela. Fazendo isso, você as põe nas mãos curadoras da luz universal.

CAPÍTULO 13

Diante da Morte

Às vezes, a melhor cura é a morte física. Quem trabalha como terapeuta complementar vai se ver diante dos vários estágios da morte com mais freqüência do que a média das pessoas. Por isso, é de vital importância que você perca o medo e se sinta à vontade diante dela. O primeiro passo para perder o medo é aceitar teoricamente duas idéias: às vezes a cura vem em forma de morte, e a morte libera a alma da prisão da forma.

Em alguns países orientais, o nascimento é um momento de tristeza porque a alma perde a liberdade para encarnar numa forma humana, mas a morte é um momento de grande júbilo, porque a alma reconquista a liberdade. Quando nos livramos da resistência e do medo, o trabalho de cura adquire um poder mais profundo. Como é enunciado num dos pensamentos-seminais da Maitreya School of Colour: "O mestre da cura celebra a vida e não teme nem o nascimento, nem a morte, nem qualquer mudança de forma".

Há uma definição simples de morte: transição de uma forma para outra mais sutil. A ciência ortodoxa geralmente descreve a morte como o término de todas as funções físicas, o que resulta no fim da vida. A ciência esotérica, que é muito mais antiga que a ortodoxa, tem uma perspectiva diferente. Fala de um "mar de vida", em que a morte e o nascimento são apenas estágios da existência, passagens, uma transição para um conceito maior de totalidade cósmica. Esse conceito é lindamente demonstrado na natureza: a árvore solta brotos, e os brotos se abrem em folhas que trazem energia e vida nova para a árvore. Depois de algum tempo, as folhas mudam de cor, murcham e caem no chão. Lá, apodrecem e são reintegradas ao solo e à Mãe Terra. Enquanto isso, a árvore fica adormecida, descansando até a primavera, quando esse processo recomeça.

Cada um de nós passa por uma minimorte a cada dia. Todas as noites, durante o sono, deixamos o corpo físico e passamos para o mundo astral. Há uma única diferença entre o sono e a morte: no sono, ficamos ligados ao corpo físico pelo cordão magnético, ou corrente de energia, em que corre a forma vital, que é preservada intacta e constitui o caminho de volta para o corpo. Na morte, esse cordão vital é rompido, impedindo que a entidade consciente retorne ao corpo denso.

Durante a noite, nossas atividades astrais são numerosas e variadas. A alma que não está espiritualmente desperta fica pairando em torno do corpo físico, esperando ser chamada de volta quando seu veículo físico despertar. A alma de uma pessoa espiritualizada encontra com freqüência pessoas queridas já em espírito, desempenha tarefas que escolheu e recebe inspirações que vão contribuir para seus projetos na terra. Infelizmente, quando despertamos, já não lembramos da maior parte desse trabalho noturno. Há uma técnica para trazer essas experiências para a consciência desperta: deixar ao lado da cama um bloquinho e um lápis. Assim, podemos anotar os sonhos logo ao acordar, antes que eles caiam na obscuridade. O passo seguinte é aprender a diferenciar os sonhos que são viagens astrais dos sonhos que revelam emoções da mente inconsciente.

O TRABALHO COM QUEM ESTÁ MORRENDO

Para sentir a morte em suas muitas formas, nada como trabalhar no mínimo um ano com doentes terminais. Fiz isso por dois anos, uma experiência de valor inestimável. O hospital onde trabalhei como terapeuta complementar tinha várias enfermarias e um ambulatório reservados para o tratamento de doentes terminais. Nele, tive a oportunidade de trabalhar com pessoas já próximas da morte, com expectativa de vida de alguns meses no máximo.

Antes disso, fiz um curso de fim de semana sobre câncer para terapeutas complementares no Lynda Jackson Center, que é ligado ao Mount Vernon Hospital. Esse hospital tem uma grande unidade oncológica, que emprega terapeutas complementares de várias disciplinas. Nesse fim de semana, aprendi que, diante de um diagnóstico de doença incurável, o paciente não consegue assimilar a informação e aceitá-la. Depois disso vem o medo: das conseqüências, da reação dos amigos e da família, da mutilação do corpo em possíveis cirurgias. Depois vem a incerteza em relação ao tratamento e à sua eficácia, além da preocupação com os efeitos colaterais de certas drogas. O estágio final é a aceitação.

Quando, como terapeutas, trabalhamos com doentes terminais, esse conhecimento nos ajuda a compreender o que eles sentem e como ajudá-los nesses estágios da crise. Mas é muito importante aceitá-los e amá-los incondicionalmente como seres humanos, seja qual for o estado do seu corpo e a sua reação inicial a nós, logo depois de receberem o diagnóstico. O terapeuta que não gosta de falar da morte ou teme esse estágio da vida precisa enfrentar essa questão e resolvê-la antes de trabalhar com essas pessoas. Quem está para morrer é muito sensível aos sentimentos dos outros, captando o medo e a negatividade de quem tenta ajudar.

Lembro-me de várias ocasiões especiais do meu trabalho com doentes terminais. No ambulatório, trabalhei com um homem que no dia seguinte morreu de uma doença neurológica. Fiquei massageando as mãos dele, trabalhando os pontos da reflexologia. Quando acabei de massagear sua mão direita e antes de tratar a esquerda, ele segurou minha mão e começou a massageá-la. Senti que era sua maneira de agradecer.

Em outra ocasião, comecei a tratar em minha casa uma paciente de câncer em estágio terminal. Ela tinha passado por uma cirurgia e estava fazendo quimioterapia. Na segunda visita, ela entrou na sala de terapia e, sem dizer nada, tirou a peruca que estava usando, esperando pela minha reação. Felizmente não tive reação alguma: a queda de cabelo que a quimioterapia provoca não era novidade para mim. Diante disso, ela se acomodou para a sessão. O interessante é que nas sessões seguintes ficou de peruca.

Ao cuidar de doentes terminais, é importante não conversar quando a pessoa está inconsciente. Em geral, a audição continua presente mesmo quando a pessoa doente está no estado de inconsciência, permitindo que ela perceba o que acontece à sua volta. Uma conversa inconseqüente pode impedir que a alma faça uma transição suave para o mundo espiritual. Por outro lado, música suave e velas de cor laranja favorecem essa transição. Nos Estados Unidos, as religiosas de uma ordem que trabalha com doentes terminais ficam ao lado da cama do paciente entoando sons que ajudam a alma a se desligar do veículo físico. Se você preferir trabalhar com prece e visualização, visualize a alma do moribundo deixando o corpo em paz e entrando na luz de Deus. Nesse processo, amigos e parentes que já morreram podem vir em seu socorro. Dizem que a passagem para o mundo espiritual traz muita paz e alegria, mas que esses sentimentos podem ser prejudicados pela tristeza dos que ficam. Assim, por mais difícil que seja, procure sentir paz e alegria pela alma que acaba de partir.

Depois de morrer, a pessoa é enterrada ou cremada. No Ocidente, a cremação começa a ser mais difundida. Segundo as ciências ocultas, ela tem duas vantagens: o veículo sutil que envolve a alma se liberta mais depressa do corpo etérico, e as cinzas que voltam à terra não poluem, pois são "purificadas pelo fogo".

Observando a atitude das diversas culturas, vemos que para a maioria a morte é aceita como parte da vida e que a família e a comunidade participam do processo. Para esses povos, a morte não é algo a ser temido, mas sim uma transição para outra freqüência vibracional. Sinto que estudar a morte nessas culturas e buscar dentro de nós mesmos seu verdadeiro significado nos ajuda a superar o medo que essa questão provoca. Falando logicamente, na vida a única certeza é a morte.

Alguns costumes antigos atravessaram as eras e ainda hoje fazem parte de algumas cerimônias. Ao contrário dos dias de hoje, as gerações mais antigas tomavam providências para que seus entes queridos morressem em casa, cercados pela família e pelos amigos. Nessas comunidades, a morte não era uma coisa que acontece em outro lugar: era aceita como parte da vida. Não é assim na sociedade atual, onde o ato de morrer é separado da vida cotidiana. Hoje, os moribundos são internados em hospitais ou sanatórios, longe do seu ambiente familiar, separados de quem amam. A morte se torna um acontecimento clínico, frio. Logo depois, o corpo é levado para o necrotério e depois para o velório (caso parentes ou amigos queiram vê-lo), até ser enterrado ou cremado. Será saudável essa segregação do último estágio da vida? Será que isso prolonga a dor? Pessoalmente acredito que sim.

ATITUDES DIANTE DA MORTE

Os mitos que cercam a morte e a perda da imortalidade são numerosos. Segundo muitos povos africanos, no começo não havia morte, que é o resultado de transgressões praticadas por seres humanos ou animais. Os pastores do Sudão dizem que antigamente uma corda ligava a terra ao céu. Quem ficava velho subia por essa corda e era rejuvenescido pelo Deus Supremo antes de voltar à terra. Um dia, um pássaro tecelão e uma hiena subiram pela corda até o céu. Ao vê-los, o Deus Supremo deu instruções para que os vigiassem e os impedissem de voltar à terra para causar problemas. Mas eles fugiram, e, já perto do chão, a hiena cortou a corda, impedindo que os seres humanos subissem ao céu. Por isso, eles envelhecem e morrem.

Nos mitos aborígines, a morte é conseqüência das más ações dos homens. Os aborígines acreditam que, por rancor, tolice e ganância, o dom da imortalidade escorregou por entre os dedos da humanidade e foi conservado apenas pela lua, que aumenta e diminui todos os meses, e pelo caranguejo, que joga fora a casca velha e cria outra.

Segundo o mito esquimó, no começo não havia morte: as pessoas rejuveneciam periodicamente. Com isso, a população cresceu tanto que o peso ameaçava virar a terra e jogar todos no mar. Vendo o perigo, uma velha usou palavras mágicas para chamar a morte e a guerra. Com isso, o mundo ficou mais leve e a catástrofe universal foi evitada.

Diferentes culturas têm diferentes costumes associados à morte e aos moribundos. Nos túmulos dos homens de Neandertal há restos de flores, sugerindo que nessa época os mortos já eram enterrados com algum tipo de cerimônia. Essa idéia foi confirmada pela descoberta na França de um esqueleto de um homem de Neandertal coberto de ocre vermelho e dióxido de manganês preto. O preto servia para obscurecer a identidade do corpo, e o vermelho simbolizava a renovação da vida no mundo espiritual. Descobertas de túmulos do homem cro-magnon tendem a confirmar esse fato. Havia ocre vermelho espalhado sobre esses túmulos, além de colares e pedaços de carne junto ao corpo, para uso no outro mundo.

As tribos Tiwi, das ilhas Melville e Bathurst, enterram o corpo de seus mortos imediatamente, mas o funeral só é realizado vários meses depois, quando a dor dos membros da família já é menor. No funeral, ou *pukimani*, estacas de cores vivas são erguidas para marcar a sepultura, sendo que o número de estacas varia conforme a idade e o *status* do morto. Essas estacas simbolizam a ligação entre o mundo dos vivos e o mundo dos mortos.

A tribo Worora, de Western Kimberly, na Austrália, tinha um costume que no século XIX foi proibido pelos missionários: o corpo do morto era posto numa plataforma até a carne apodrecer. Os ossos eram então levados para uma caverna no território do morto. Se a plataforma não fosse bem construída, era comum ver gatos nativos comendo o corpo.

Para os nativos do Alasca, morrer é um processo muito natural e até bem-vindo. Quando alguém sabe que está para morrer, chama os entes queridos para assistir à sua passagem. Quando a morte chega, todos os membros da comunidade participam da cerimônia. Fazem o caixão, cavam a sepultura, enfeitam o túmulo com flores de papel e, depois do enterro, fazem uma grande festa. Os habitantes do Alasca têm muitas lendas sobre o outro mundo e sobre os espíritos maus, que assumem a forma de animais como o carcaju. Depois da morte de um membro da tribo, esses espíritos maus são presenteados, para que não prejudiquem os vivos nem assombrem a comunidade.

Para os chineses, a única certeza da vida é a morte. Acreditando que espíritos bons e maus pairam em torno do morto, eles acham que é melhor morrer no hospital, pois isso evita que os maus espíritos entrem na casa. Nos enterros há muito choro e lamentação: carpideiras profissionais são contratadas para que a alma tenha uma boa despedida. Os parentes queimam dinheiro, acreditando que será usado pelo morto no outro mundo.

Os japoneses dizem que não se deve temer a morte. Acreditam que, depois da morte, a alma é levada para um lugar de grande beleza. Para que a alma chegue com segurança no outro mundo, eles realizam cerimônias como o *yakan*, o banho do morto. Depois desse banho, é celebrado um serviço religioso ao lado da cama. Esse serviço dá ao sacerdote uma oportunidade de consolar os parentes desolados.

O hinduísmo, uma das grandes religiões do mundo, não tem um fundador, mas tem um livro de escrituras conhecido como Veda, uma palavra que significa "sabedoria" ou "conhecimento". O Veda proclama a doutrina da reencarnação, segundo a qual a alma fica voltando à existência mortal até que tenha aprendido todas as lições necessárias à iluminação. Ensina que a alma do morto reencarna imediatamente depois da morte: a alma de quem viveu uma boa vida encarna em outra forma humana, mas a de quem teve uma vida egoísta e corrupta encarna numa forma animal.

Quando a morte ocorre, o corpo é purificado com um banho de leite nos pés e um pouco de água na boca. O ato final da purificação é queimar o corpo no fogo, o que é feito na primeira oportunidade. A pira é acesa com manteiga líquida da mais pura, pois qualquer outra substância evocaria os maus espíritos.

O islamismo, fundado pelo profeta Maomé no século VII em Meca, na Arábia, tem suas crenças registradas no Alcorão. Os muçulmanos acreditam que, depois de queimado o corpo do morto, aparecem dois anjos para interrogá-lo sobre sua fé no islamismo. Se as perguntas forem respondidas corretamente, uma porta se abre permitindo a entrada da alma no paraíso, mas, se as respostas estiverem erradas, abre-se uma porta para o inferno, deixando sair o calor e o vento abominável. Em *Tradição*, um livro usado juntamente com o Alcorão, há uma menção a uma ponte sobre o inferno, que é mais afiada do que uma espada e mais fina do que um fio de cabelo. Todos precisam atravessá-la. Os que acreditam chegam do outro lado, mas os que não acreditam caem no abismo.

O judaísmo atribui grande santidade à vida e à sua preservação. Com isso surge o dilema: fazer de tudo para preservar a vida, ou deixar que a pessoa morra naturalmente. A tradição judaica vê a doença terminal e a transição para a morte como um momento em que os amigos devem cercar e confortar o paciente. Antes da morte, o paciente é convidado a fazer sua confissão, um elemento importante da transição da alma para o outro mundo. A confissão no leito de morte é vista como uma reconciliação com Deus e é estruturada para ser reconfortante, e não perturbadora. Depois da morte, não se permite a autópsia — a menos que haja absoluta necessidade — e o corpo é enterrado em 48 horas.

A tradição católica da Irlanda prefere a morte em casa. Antes de morrer, a pessoa é convidada a se confessar e a receber os últimos sacramentos. Assim, no dia do Juízo, a alma será levada ao céu, onde viverá eternamente. Depois da morte, o corpo é arrumado na cama, para receber o adeus dos amigos e familiares. Isso é conhecido como "velório", uma tradição que permite a expressão da dor. No dia do funeral, em geral três dias depois da morte, o padre vai à casa do morto. O corpo é posto no caixão, e a família vai junto com o padre para o cemitério. Como a religião católica ensina que o corpo vai ressuscitar no dia do Juízo Final, a cremação não é aceita pelos fiéis.

Quando eu estava visitando a Irlanda, morreu um vizinho da pessoa que me hospedava. Em meio ao fluxo de visitantes, que não parou até o funeral, havia muitas crianças. Descobri que eles as ensinam a aceitar a morte como uma ocorrência natural, em vez de tentar protegê-las. Achei essa atitude muito saudável.

ALÉM DA MORTE

Segundo algumas ramificações da Igreja cristã, quem viveu uma vida de pecado vai arder no fogo do inferno. Segundo outras, os pecadores vão para o purgatório. Eu não acredito que esses lugares existam. Pessoas que passaram por experiências de quase-morte relatam que, depois de deixar o corpo físico, atravessaram um túnel no fim do qual havia uma luz brilhante e que, em determinado ponto da viagem, viram sua vida inteira transcorrer diante de seus olhos. Dizem que sentiram a dor que causaram aos outros e as oportunidades perdidas. No caso dos viciados em drogas, nicotina ou álcool, a dependência continua depois da morte, mas não há como satisfazê-la. Acredito que o inferno da Igreja é a eliminação dessas substâncias do corpo astral e o arrependimento pela vida que passou. Mas, depois de observar os próprios erros e aprender com eles, a alma segue em frente para sentir o amor e a beleza do amor espiritual e segue para um novo aprendizado.

Os estágios da morte foram descritos pela teosofia e por outras religiões esotéricas. A teosofia vem dos ensinamentos de H. P. Blavatsky e Alice Bailey. Elas acreditam que, pouco antes da morte, a alma faz soar o seu som, anunciando que começou a se retirar do corpo físico. Esse som envia vibrações pelos nadis do corpo etérico, libertando-os do vínculo com o sistema nervoso e com o corpo físico. Em resposta, as glândulas endócrinas liberam na corrente sangüínea uma substância que afeta o coração e causa a perda da consciência. É então rompida a ligação entre os nadis e o sistema nervoso para libertar o corpo etérico. O corpo etérico e os outros corpos sutis que constituem a aura começam então a se retirar do corpo físico. Isso acontece por meio de um dos dois pontos primários de saída ou do ponto intermediário. Os dois pontos primários ficam um no topo da cabeça, usado por aqueles que tiveram inclinação intelectual ou espiritual durante a vida terrena, e outro no plexo solar, usado por quem teve fortes traços emocionais ou pouca inclinação espiritual. A saída intermediária, que fica logo abaixo do ápex do coração, é usada por pessoas bondosas e bem-intencionadas.

É em estágios graduais que os corpos sutis saem pelo ponto de saída escolhido. Apesar de livre do corpo físico, o revestimento etérico continua a ser magneticamente atraído por ele, e é por isso que os videntes costumam ver o ser espiritual ao lado do corpo. O estágio final desse processo de morte é o momento em que a alma se liberta do etérico, que deve morrer com o corpo físico.

Quem está passando por esses estágios da morte recebe apoio de entes queridos já em espírito e de ordens de seres angélicos, cuja tarefa é ajudar nesse processo. Quando cuidei de pessoas próximas da morte, tive oportunidade de observar o moribundo olhando para um ponto do quarto e murmurando o nome de um ente querido já falecido. Vi também a alegria de reconhecimento que brilha no rosto logo antes da morte, mas o que nunca deixou de me maravilhar é o vazio da forma física quando a alma se vai.

Quando deixa o corpo físico, a alma vai para o plano de existência que melhor lhe serve. Cristo disse: "Na casa de meu Pai há muitas moradas". Acho que estava se referindo aos diferentes níveis de existência pós-morte. No livro *A Soul's Journey** (Aquarian Press, 1958), Peter Richelieu chama esses níveis de existência de planos astral, mental e causal e sugere que cada um desses planos tem sete níveis diferentes. Esse conhecimento veio da experiência que ele teve depois da morte do irmão. Lamentava sua perda quando foi

---

* *A Viagem de uma Alma*, publicado pela Editora Pensamento, São Paulo, 1974.

saudado por um ser espiritual que, durante muitas noites, o ensinou a deixar conscientemente o corpo quando dormia. Enquanto estava fora do corpo, o mestre espiritual o levou a vários planos espirituais. Nesse livro, Richelieu descreve a beleza desses planos e alguns dos seres que encontrou: devas (guardiães do reino vegetal), seres angélicos e as almas dos que tinham partido. Fala sobre as escolas de aprendizado que existem nesses planos e da evolução do reino animal.

UMA MORTE HARMONIOSA

Se aceitarmos que somos seres espirituais vivendo num corpo humano e que ao deixar o plano da terra voltaremos ao nosso lar espiritual, então a morte será para nós uma ocorrência natural que não causa medo. Em *The Phenomenon of Death* (Sundial House, 1976), Michael Eastcott escreve: "Se conseguíssemos entender a morte, veríamos que ela é uma das atividades que mais praticamos. Ela é essencialmente uma questão de consciência". Ele explica que num momento estamos conscientes no plano físico e que no momento seguinte vamos para outro plano e continuamos ativamente conscientes. Mas, como identificamos a consciência com o plano físico, temos medo da morte. Quando aceitarmos que existimos também como almas e que podemos focalizar a consciência em qualquer forma ou em qualquer plano, ou "em qualquer direção dentro da forma de Deus", então o conceito de morte não vai mais existir.

Eastcott diz ainda que, apesar de ser um processo de libertação para quem está morrendo, a morte ainda apresenta problemas. O primeiro é a dor de parentes e amigos. A dor emocional e as tentativas de segurar o moribundo podem impedir que o ser espiritual parta suavemente do corpo físico. O segundo é a perplexidade do "morto" ao se ver nas condições desconhecidas da vida não-física. Esses dois problemas serão resolvidos quando a humanidade compreender que a condição não-física depois da morte não é nova, mas na verdade muito antiga. Todos nós já "morremos" muitas vezes e provavelmente vamos morrer muitas vezes mais.

Já foi dito que a atitude mais comum diante da morte é o medo, o que podemos atribuir à educação inadequada. Nas últimas décadas, foi feito um grande trabalho para disponibilizar para as mulheres ocidentais partos conscientes e suaves. Nesse mesmo espírito, muitos terapeutas e psicólogos trabalham no sentido de eliminar o tabu da morte. Eliminar o medo da morte é uma tarefa vital no nosso tempo.

As informações a seguir foram extraídas de comentários sobre a superação do medo da morte feitos pelo mestre Djwal Kul (conhecido como DK), um dos mestres ascencionados. Quando jovem, ele saiu de casa para estudar numa sociedade secreta de iniciados avançados num convento de lamas do Tibete. DK diz que o medo da morte se deve à importância que damos ao corpo físico, com o qual nos identificamos. Está relacionado ao medo inato da solidão e da perda do que é familiar. Mas o isolamento sentido depois da morte, quando o homem se vê sem um veículo físico, não se compara à solidão do nascimento. Quando nascemos, a alma se vê imersa num corpo que, no início, não consegue cuidar de si mesmo e por meio do qual ela não consegue estabelecer contato inteligente com o que a cerca. A nova alma não tem lembrança da identidade e da significação do grupo de almas com que agora se relaciona. Essa solidão desaparece gradualmente, à medida que ela faz contatos e junta à sua volta aqueles que chama de amigos.

Depois da morte, no outro plano de existência, nós nos vemos entre aqueles que estiveram ligados a nós na vida física. Além disso, temos consciência dos que ainda estão no corpo físico: conseguimos vê-los e captar suas emoções e seus pensamentos.

Para ter uma morte livre do medo, precisamos fazer preparativos durante a vida. Se, como terapeutas, escolhemos trabalhar com quem está para morrer, temos que eliminar em nós o medo da morte. Como agentes de cura, temos que levar a tocha que vai iluminar o caminho para quem se aproxima desse estágio da vida. Temos que desenvolver uma atitude de vida que abrace os dois lados do portal que chamamos de "morte". Podemos nos alegrar no corpo físico, mas sem perder de vista nosso ser verdadeiro, não-físico — a alma. Temos que aprender a ouvir a alma e a responder alegremente ao seu chamado, seja ele para nascer, para morrer ou para viver entre esses dois acontecimentos.

Posfácio

A **Maitreya School** fornece aos seus alunos uma lista de "pensamentos-seminais", um bom material para a reflexão sobre a pergunta: "Quais são as qualidades que um cromoterapeuta deve ter?" Uso esses pensamentos com meus alunos e gostaria de compartilhá-los com vocês. A melhor maneira de trabalhar com eles é meditar sobre cada um separadamente por dois a três dias, ouvindo o que ele diz a você.

- O agente de cura vê a vida como um processo que flui e apóia o paciente no movimento de seu processo individual.
- O agente de cura irradia energia de cura pela potência e pureza de seu estado de ser. Ser capaz de curar supera o ato de realizar a cura.
- O agente de cura procura servir — não como escravo submisso nem como autoridade diretiva, mas como fonte de força e como raio de luz que ajuda os outros a encontrarem o caminho para a totalidade.
- O agente de cura luta para revelar e alimentar a totalidade em si mesmo, no paciente e no mundo.
- O agente de cura aceita a responsabilidade — a capacidade de reagir. Essa capacidade depende das qualidades de compaixão, pureza de intenção, compreensão inspirada, altruísmo, boa vontade, autodomínio e "o silêncio que soa" — qualidades que devem ser cultivadas.

- O agente de cura vê seu trabalho como um caminho da vida e luta para ser uma presença que cura em todos os momentos, em todos os lugares e em todas as condições.
- O agente de cura celebra a vida e não teme nem o nascimento, nem a morte, nem as mudanças de forma.
- O agente de cura trabalha a partir de um ponto de alegria.
- O agente de cura traz luz, compartilha amor e oferece o poder da escolha.

Lily Cornford ensinava que todas as idéias futuras vão nos levar a um conjunto de técnicas de cura mais completo, mais holístico, mais cooperativo e mais energético, que vai conduzir à compreensão de que a verdadeira cura acontece quando a vida da alma consegue fluir pela nossa personalidade sem encontrar impedimentos, obstáculos nem obstruções. Isso vai exigir uma nova visão da cura e dos agentes de cura. Em vez de priorizar a saúde e a doença, o principal será a prevenção e a salubridade, sabendo que a saúde é apenas a ponta do *iceberg*, uma ponta sustentada por áreas submersas de estilo de vida, comportamento, hábitos psicológicos e compreensão filosófica do nosso lugar no universo.

Quando isso acontecer, vamos ser agentes de transformação mais que de cura. Não vamos mais nos limitar a remendar corpos estragados. Conhecendo a essência espiritual de cada ser humano, vamos alimentar, estimular e apoiar cada um no processo de compreender essa essência. Assim, vamos permitir que cada ser humano descubra o poder da autocura e da autotransformação na terra e prepare o caminho do amor incondicional para uma humanidade mais completa, mais criativa e mais capaz de amar, uma humanidade que quer servir, e não apenas ser servida, amar, e não apenas ser amada, compartilhar a luz universal, e não apenas buscar essa luz.

Por tudo isso, a cura — a volta à totalidade, a restauração do equilíbrio, a "elevação dos olhos para o mestre da cura no interior da forma" — é apenas o começo. Tudo isso é apenas o começo. Aprender e crescer são processos que não terminam nunca.

APÊNDICE

Treinamento e Tratamento Profissional

ENQUANTO ESCREVO ESTE LIVRO, muita coisa está acontecendo na área da medicina complementar para melhorar os padrões de treinamento. Assim, os que se formarem vão atingir um alto nível de profissionalismo na teoria e na prática da terapia que escolheram. É um excelente avanço, que vai eliminar aqueles que fazem um ou dois cursos de fim de semana e logo se estabelecem como terapeutas. Sem conhecimento nem experiência, tudo que essas pessoas fazem é dar má reputação à terapia complementar. Não há ninguém que, em sã consciência, aceite ser tratado por um médico com formação insuficiente. Isso não deveria valer também no caso dos terapeutas complementares? Se esperamos ficar em pé de igualdade com a medicina alopática e ser aceitos na profissão médica, precisamos mostrar que temos um bom nível de treinamento e profissionalismo. Tenho o prazer de informar que há muito sendo feito nesse sentido.

O DIPLOMA DE CROMOTERAPEUTA

Atualmente, o curso para obtenção do diploma em cromoterapia tem no mínimo dois anos, e alguns dos tópicos estudados são física da luz, história da cromoterapia, anatomia sutil, energias vibracionais da luz visível, uso e administração, a causa metafísica da doença, primeiros socorros e aconselhamento. Cada aluno deve fazer mais ou menos sessenta horas de trabalho prático, além de ensaios e de uma dissertação sobre qualquer aspecto da cor que queira pesquisar. No primeiro ano, os alunos estudam anatomia e fisiologia, e no segundo, patologia e doença. Outro aspecto importante desse curso é o crescimento pessoal, pois cada aluno deve trabalhar para resolver os próprios problemas antes de tentar ajudar os outros a trabalhar com os seus. Como disseram alguns grandes mestres: "Médico, cura a ti mesmo".

Algumas escolas de cromoterapia oferecem uma segunda disciplina complementar, como a terapia do som. Cor e som têm grande afinidade e funcionam muito bem juntos. Outra disciplina que costuma ser associada à cromoterapia é a geometria sagrada. As formas bidimensionais dos sólidos platônicos amplificam o poder da cor quando usadas em conjunto com ela. Essas formas são encontradas em nossa própria estrutura celular, sendo que alguns tipos de vírus as refletem.

Ao planejar fazer um curso para obter o diploma de cromoterapeuta, é aconselhável pedir os currículos de várias escolas para descobrir qual é a que lhe serve melhor. Na Inglaterra, depois de escolher uma escola, o candidato pode escrever para a Complementary Medical Association (CMA) para descobrir se a escola que escolheu cumpre as exigências necessárias. Essa associação também fornece listas de escolas, com que o aluno pode depois entrar em contato para maiores informações. Quem procura um cromoterapeuta também pode se valer desse serviço. A associação fornece nomes de cromoterapeutas em todas as regiões do país e de escolas que possam indicar outros nomes.

OUTROS CURSOS

Além desses cursos de habilitação, há várias escolas que oferecem breves cursos introdutórios sobre a energia vibracional da cor. São dirigidos a quem quer saber mais sobre o assunto antes de começar um treinamento mais longo. Eu recomendo esses cursos. Há também cursos que tratam da integração da cromoterapia com outra terapia complementar. A Oracle School of Colour oferece um curso com direito a certificado sobre a integração da cor com a reflexologia, que aceita apenas alunos que tenham alguma qualificação na área da reflexologia. O curso qualifica o reflexologista a usar a cor apenas nos reflexos das mãos e dos pés.

CURSOS POR CORRESPONDÊNCIA

Há várias cursos por correspondência na área da cromoterapia, mas sinto que deixam muito a desejar. Os principais problemas são a falta de contato pessoal com outros alunos, a falta de experiência prática e a falta de oportunidade para o crescimento pessoal. As técnicas de aplicação da cor que esses cursos ensinam são variadas e às vezes complexas, e não dá para aprendê-las apenas pela leitura. Tenho certeza de que ninguém se trataria com um médico formado por correspondência. A experiência vem com a prática, que permite que os erros sejam corrigidos. Durante os muitos cursos que dei, vi os alunos irem se desenvolvendo à medida que trabalhavam uns com os outros. Em geral, os grupos de alunos se transformam em unidades integradas em que é permitido até perder o controle e chorar e onde a amizade, a confiança, a compreensão e o amor propiciam que a confusão mental e emocional acumulada ao longo dos anos seja trabalhada e liberada.

COMO COMEÇAR

Os terapeutas recém-formados podem começar a trabalhar numa clínica complementar ou abrir a própria clínica. Às vezes há a possibilidade de trabalhar por algum tempo na escola em que se formaram. Com base nas experiências que tive trabalhando um ano com Lily, é uma alternativa que recomendo. Para quem não tem essa escolha, sugiro trabalhar por algum tempo numa clínica com outros terapeutas complementares. Assim, o novato ganha confiança, tem a oportunidade de conversar com outros terapeutas e evita despesas com a própria sala de terapia logo de imediato.

Alguns terapeutas reservam uma porcentagem do que ganham para comprar equipamentos para quando abrirem a própria clínica. Quando chegar esse momento, procure uma sala para alugar ou prepare uma sala em sua casa. Neste caso, a sala deve ser reservada apenas para os tratamentos. Ela deve ter uma decoração agradável, estar sempre imaculadamente limpa e conter apenas o que é necessário ao seu trabalho.

Caso você tenha sido orientado a usar música ambiente durante as sessões, pergunte sempre ao paciente se a música o ajuda a relaxar. O que para nós é tranqüilizador e reconfortante pode ser desastroso para outra pessoa. Quando resolvo usar música para um determinado paciente, geralmente peço que ele traga de casa uma fita do seu agrado. Dei aulas de yoga para adolescentes e, no fim de cada sessão, punha uma música enquanto eles relaxavam. Só que eles preferiam música *pop*: para eles era uma maravilha, mas eu ficava exausta.

Logo que abrir sua clínica, você vai ter que fazer propaganda, mas depois de algum tempo a propaganda se faz boca a boca. É comum os alunos me perguntarem quanto tempo leva para a prática deslanchar. Respondo sempre que depende da capacidade de cada um como terapeuta. Outra questão que surge é o preço das sessões. Em geral, o preço é determinado pela localização da clínica, pelas despesas e pela duração prevista do tratamento, sendo mais alto nos grandes centros urbanos.

Há uma regra de ouro para todos os terapeutas: corresponder à confiança do paciente. Peça sempre a permissão do paciente caso seja necessário comentar com outras pessoas o que foi discutido na sessão ou informações que ele lhe deu. Se achar que deve discutir sobre um paciente com outro terapeuta, peça primeiro a sua permissão. Digo muitas vezes a meus pacientes que nada do que é discutido durante a sessão vai ser repetido fora da sala. Quando recebe sua qualificação, o aluno recebe também um código de ética que deve nortear sua conduta.

Depois de se qualificar e antes de começar a trabalhar com pacientes, você precisa fazer um seguro. Se trabalhar em casa, você deve estar preparado para a eventualidade de um paciente cair da escada ou tropeçar e se machucar. Algumas companhias de seguro oferecem pacotes que cobrem eventualidades como danos aos equipamentos ou cessação de rendimentos devido a doença ou acidente. As escolas costumam fornecer nomes de companhias de seguros, mas às vezes é melhor fazer uma pesquisa por conta própria.

É importante ter o prontuário de cada paciente. Na eventualidade pouco provável de alguma coisa dar errado e o paciente mover um processo, você vai precisar desses registros como prova. Já tive pacientes que vieram se tratar depois de sofrer abuso e maus-tratos por parte de outros terapeutas. Se o paciente resolver processar esse antigo terapeuta, você pode ser chamado a prestar depoimento. Nesse caso, a falta de registro inviabiliza o depoimento e depõe contra você.

Quando começar a trabalhar por conta própria, você vai precisar fazer sua contabilidade e pagar impostos. Nas despesas, você pode incluir equipamentos, aventais brancos, papel para forrar a mesa de terapia etc. Se trabalhar em casa, pode incluir parte das contas de telefone, água e luz. A melhor pessoa para aconselhá-lo nesse sentido é um contador. Depois de buscar informações com um profissional, a maioria dos terapeutas faz a própria contabilidade.

O diploma em terapia complementar atesta que você tem o conhecimento básico para praticar, que você construiu sua base. Tivemos o privilégio de receber esse conhecimento da luz universal para o bem de nossos pacientes e de todos que trabalham na área da cor. Assim, para o bem de todas as disciplinas relacionadas à cor, devemos compartilhar essas idéias com nossos colegas em vez de guardá-las só para nós, pois elas não são propriedade nossa. Todo esse conhecimento é apenas uma redescoberta de coisas passadas.

Leituras Recomendadas

The Angel Oracle, Ambika Wauters, Connections (1996)
The Beginner's Guide to Colour Psychology, Angela Wright, Kyle Cathie Ltd (1995)
The Bodymind Workbook, Debbie Shapiro, Element (1990)
The Chakras, Naomi Ozaniec, Element (1990)
Colour Healing, Lilian Verner Bonds, Lorenz Books (1999)
Colour Healing, Mary Anderson, The Aquarian Press (1979)
Colour Healing, Pauline Wills, Piatkus (1998)
Colour Me Healing: Colourpuncture: A New Medicine of Light, Jack Allanach, Element (1997)
Colour Psychology and Colour Therapy, Faber Birren, Citadel Press (1950)
Colour Therapy, Doutor Reuben Amber, Aurora Press (1983)
Colour Therapy, Pauline Wills, Element Books (1993)
Colour Your Life, Howard & Dorothy Sun, Piaktus (1998)
Discover the Magic of Colour, Lilian Verner Bonds, Optima (1993)
The Eighth Key to Colour, Ronald Hunt, L.N. Fowler & Co. Ltd (1965)
Healing with Colour, Helen Graham, Gill & Macmillan (1996)
The Healing Power of Colour Zone Therapy, Joseph Corvo & Lilian Verner-Bonds, Piatkus (1998) [*O Poder de Cura da Cromozonoterapia e como Ela pode Ajudar Você*, publicado pela Editora Pensamento, São Paulo, 1999.]
The Healer's Hand Book, Georgina Regan & Debbie Shapiro, Element (1988)
In Search of Schrödinger's Cat, John Gribbin, Black Swan (1991)
Intermediate Studies of the Human Aura, Djwal Kul, Summit University Press (1974)
Light Years Ahead — The illustrated guide to Full Spectrum and Colored Light in Mindbody Healing, Light Years Ahead Production (1996)
Man's Subtle Bodies and Centres, Omraam Mikhaël Aïvanhov, Prosveta (1986)
On Death and Dying, Elizabeth Kübler-Ross, Routledge (1970)
On Life After Death, Elizabeth Kübler-Ross, Celestial Arts (1991)
Reflexology and Colour Therapy, Pauline Wills, Element (1992)
The Reflexology Handbook, Laura Norman, Piatkus (1998)
Relativity & Quantum Physics, Roger Muncaster, Stanley Thornes Ltd (1995)
Spiritual Aspects of the Healing Arts, Dora Kunz (org.), The Theosophical Publishing House (1985)
The Symbolism of Colour, Ellen Conroy, Newcastle Publishing Co. (1996)
The Symbolism of Colour, Faber Birren, Citadel Press (1988)
Teach Yourself to Meditate, Eric Harrison, Piatkus (1997)
Theory of Colours, Johann Wolfgang von Goethe, MIT Press (1970)
Vibrational Medicine, Richard Gerber, Bear & Co. (1988). [*Medicina Vibracional*, publicado pela Editora Cultrix, São Paulo, 1992.]
Working with Colour: A Beginner's Guide, Pauline Wills, Headway (1977). [*O Uso da Cor no seu Dia-a-Dia — Manual Prático*, publicado pela Editora Cultrix, São Paulo, 2000.]
Working With Your Chakras, Ruth White, Piatkus (1997) [*Trabalhando com os seus Chakras*, publicado pela Editora Pensamento, São Paulo, 1996.]
Your Healing Power, Jack Angelo, Piatkus (1998)